Christina und Christof Klenk

Besser einfach – einfach besser

Das Baby-Survival-Buch

mit Illustrationen von
Thees Carstens

R BROCKHAUS

Satz: Factory · B. Lieverkus, Remscheid
Umschlag: Dietmar Reichert, Dormagen
Illustrationen: Thees Carstens, Witten
Druck: Egedsa, Spanien
ISBN 3-417-24727-6
Bestell-Nr. 224 727

Inhalt

Vorwort

Wir sind mittendrin in der Babyphase! Dieses Buch ist zwischen Stillen und Schlafengehen entstanden, mit dem fröhlichen Glucksen oder seligen Schnarchen eines Babys im Hintergrund. Während wir über die Probleme einer Partnerschaft in der Babyphase nachgedacht haben, waren wir selbst damit beschäftigt, uns als Paar neu zu finden. Das Kapitel über das Schlafen ist von Eltern geschrieben, die selbst keine Nacht durchschlafen können und noch keine freien Abende haben, weil ihr Kind häufig erst gegen 22.00 Uhr schläft. Dass ein schreiendes Baby Vater und Mutter zur Verzweiflung bringen kann, wissen wir nicht nur aus der Literatur. Möglicherweise werden Sie in diesem Buch auf einige wackelige Formulierungen stoßen – es könnte daran liegen, dass wir während des Schreibens mit einer Hand die Kugelbahn in Schwung halten mussten, um unsere Tochter Lena zu beschäftigen.

Uns ist bewusst, dass »Besser einfach – einfach besser« ein gewagter Titel ist, wenn es um das Leben mit einem Baby geht. Schließlich wird jungen Eltern von allen Seiten vermittelt, dass nur das Beste gerade gut genug ist für den neuen Erdenbürger. Natürlich soll unser Buch nicht dazu auffordern, Elternschaft auf die leichte Schulter zu nehmen. Dennoch sind wir davon überzeugt, dass es eine ganze Reihe einfacher Tipps gibt, die das Leben einer frisch gebackenen Familie immens erleichtern können. In diesem Buch haben wir sie zusammengestellt – überzeugt davon, dass es dem Baby nur wirklich gut gehen kann, wenn es auch den Eltern gut geht. Deshalb nehmen die Kapitel über die Partnerschaft und den Ausbau von Freundschaften für einen Babyratgeber ungewöhnlich viel Raum ein.

Brauchte man vor hundert Jahren Babyratgeber? Eher nein. Schließlich war Erziehung nicht nur Elternsache. Im Verbund der Großfamilie wurde direkt von Generation zu Generation weitergegeben, wie man Kinder großzieht.

Braucht man heutzutage Babyratgeber? Offenbar schon. Dass drei Generationen unter einem Dach leben, ist eher die Ausnahme. In vielen Fällen wohnen die Eltern der Eltern sogar Hunderte von Kilometern entfernt und stehen als Rückhalt nur bedingt zur Verfügung –

ganz abgesehen davon, dass sich die Ansichten über die richtige Behandlung eines kleinen Menschenkindes in den vergangenen Jahrzehnten stark verändert haben.

Die meisten Eltern sind also auf Expertenwissen angewiesen. Leider hat die Flut von Erziehungsratgebern oft unerwünschte Auswirkungen: Statt Sicherheit zu vermitteln, stiften sie Verwirrung, denn es gibt unter Pädagogen und Kinderärzten durchaus widersprüchliche Aussagen und Auffassungen. Bei manchen Ratgeberbüchern hat man gar den Eindruck, die Autoren gingen davon aus, dass Eltern ihren gesunden Menschenverstand an der Kreißsaaltür abgeben.

Wir sind überzeugt, dass Sie als Eltern – genau wie wir – Ihren eigenen Weg finden müssen. Wenn Sie diesen ohne ständige Selbstzweifel gehen, ist das schon die halbe Miete. Dieses Buch soll Ihnen den Weg nicht vorschreiben, sondern dabei helfen, eine eigene Route zu finden. Als Freudens- und Leidensgenossen wünschen wir Ihnen vor allem, dass Sie das erste Jahr mit Ihrem Kind trotz aller Herausforderungen bewusst erleben und genießen können – denn Kinder sind ein wunderbares Abenteuer.

Witten im Winter 2002/2003, Christina und Christof Klenk mit Maren (drei Jahre) und Lena (vier Monate)

Kapitel 1

Alles wird anders – ein kleines Wesen krempelt Ihr Leben um

In diesem Kapitel erfahren Sie …

- ➔ ***warum manches nach der Geburt anders kommt als gedacht***
- ➔ ***wie Sie Ihr Gefühlschaos in den Griff bekommen***
- ➔ ***warum der Vater von Anfang an wichtig ist***
- ➔ ***warum Sie im Umgang mit dem Baby auf Ihre Intuition vertrauen können***

Ein Kind bewegt das Oberste zuunterst – und rückt gleichzeitig alle Dinge an ihren richtigen Platz.
Alain Delon

So ein kleiner neuer Erdenbürger verändert das Leben seiner Eltern von Grund auf. Wir können uns noch genau erinnern, wie das bei unserer ersten Tochter Maren vor fast vier Jahren gewesen ist. Sie sah aus wie ein Alien, als sie zum Vorschein kam. Der Kopf total verformt vom engen Weg durch den Geburtskanal und die Haut etwas grünlich vom Fruchtwasser. »Hoffentlich ist alles in Ordnung«, war unser erster Gedanke. Die Hebamme hatte offenbar keine Bedenken und reichte uns das Kind ohne eingängige Untersuchung, damit wir es erst einmal betrachten und auf die Brust legen konnten. Ihr ziemlich exotischer Teint störte uns nicht. Ein wunderschönes Kind. Wir empfanden schon nach kurzer Zeit eine tiefe Zuneigung zu diesem Wesen, eine Art von Liebe, die wir bis dahin nicht kannten. Natürlich war sie für uns das tollste Kind der Welt. Leider bekam sie schon am zweiten Lebenstag eine Magen-Darm-Grippe. Als wegen der Infusion ein Venenzugang gelegt werden musste, merkten wir, was diese Liebe auch mit sich bringt: Es war der schmerzhafteste Piekser unseres Lebens. Wir litten schrecklich.

Nach dem Krankenhausaufenthalt ging's nach Hause. Plötzlich hatten wir die volle Verantwortung für das von uns in die Welt gesetzte Menschenkind. Wir fühlten uns dem eigentlich nicht gewachsen und kamen uns oft genug ziemlich hilflos vor. Manchmal waren wir so von Sorge befallen, dass wir gar nicht so recht mitbekamen, wie sich dieses kleine Wunder immer weiter entfaltete. Da quengelte der Schreihals, und wir wussten partout nicht, wo das Problem lag. Die Windel hatten wir gerade gewechselt, satt war Maren auch, und alles Umhertragen und In-den-Arm-Nehmen brachte nur kurzzeitigen Erfolg. Hätte sie doch nur schon sprechen können!

Oder: Kurze Zeit nach dem Stillen kam der Mageninhalt wieder zum Vorschein – unglaubliche Mengen. Behält das Kind überhaupt etwas bei sich?, fragten wir uns besorgt. Wird sie überhaupt satt? Wird sie verhungern? Erst nach einiger Zeit entdeckten wir: Das Baby meldet sich schon, wenn es etwas braucht. Eigentlich hätten wir uns nur die Speckfalten an den Beinen genauer ansehen müssen, aber damals stimmte offenbar mit unserer Wahrnehmung etwas nicht so ganz.

Oder: Maren schlief schon seit mehreren Stunden friedlich. Zu friedlich? Eigentlich wäre das die Chance gewesen, zur Ruhe zu kommen, aber in der Wiege war es verdächtig still. Atmet sie noch?, fragten wir uns. Einer von uns stand auf und sah nach. Nach dem zweiten Hinhören war endlich ein leiser Atemzug zu vernehmen. Wir legten uns wieder hin, waren aber kein bisschen beruhigt. Vor zwei Minuten hatte sie noch geatmet, aber wer garantierte dafür, dass sie das in zwei Minuten auch noch tun würde? Eigentlich war diese Angst völlig irrational, aber es brauchte einige Wochen Lebensdauer, bis wir Vertrauen in Marens Robustheit schöpften.

Als diese Anfangsschwierigkeiten überwunden waren, merkten wir, dass sich unser Leben völlig verändert hatte. Es gab eigentlich nur drei Zustände: vor dem Stillen, während des Stillens und danach. Und es galt die alte Fußballerweisheit: Nach dem Stillen ist vor dem Stillen. Sämtliche Aktivitäten mussten nun mit diesen drei Zuständen in Einklang gebracht werden. Unser Lebensrhythmus wurde von jemand anderem bestimmt, und unser Bewegungsradius war eingeschränkt. Es dauerte eine Weile, bis wir mit diesen neuen Bedingungen zurechtkamen.

Wir haben die ersten Monate als Eltern in einem ziemlichen Gefühlschaos verbracht: von himmelhoch jauchzend bis völlig frustriert. Im Nachhinein ist uns klar: Eigentlich brauchten wir uns über so manches nicht den Kopf zu zerbrechen. Der Schöpfer hat alles mit Bedacht angelegt. Er hat ein Wunderwerk geschaffen. In unserer Mitte entwickelt sich ein neues Leben, und wir haben die einmalige Chance, dabei zuzusehen. Wir müssen es nur lieben, pflegen und füttern. Den Rest regelt das kleine Wunder schon von alleine.

Christina und Christof

Ein einziger Augenblick kann alles umgestalten.
Christoph Wieland

Über die ersten Wochen und Monate mit dem Baby herrschen zum Teil sehr romantische Vorstellungen. Die Frau hat sich im Mutterschutz gut vorbereitet, zahlreiche Babyratgeber gewälzt und die komplette Babyausstattung besorgt. Der Vater hat Urlaub genommen und den festen Vorsatz gefasst, seiner Gattin ein paar Tage Erholung von der anstrengenden Geburt zu gönnen. Es gibt genügend Zeit, sich als Familie zu finden. Vielleicht ist sogar die Oma des Neuankömmlings zugegen, um der jungen Familie zur Hand zu gehen. Das alles sind günstige Bedingungen, und trotzdem kommt es häufig anders, als man denkt, denn es gibt genügend Gründe für Spannungen:

Jedes Neue, auch das Glück, erschreckt.
Friedrich Schiller

- ➜ Väter und Mütter fallen nicht vom Himmel. An die neue Rolle muss man sich zuerst gewöhnen: Niemand ist perfekt. Trotzdem haben sich viele genau das vorgenommen und sind dann von sich selbst enttäuscht.
- ➜ Die ersten Nächte können furchtbar sein. Viele Babys sind am Anfang vor allem nachts aktiv. Das zehrt an den Kräften der Eltern, dabei hat die Mutter ihre Reserven unter Umständen schon bei der Geburt vollständig aufgebraucht.
- ➜ Der Lebensrhythmus muss wieder neu gefunden werden. So ein Baby bringt den Alltag ganz schön durcheinander. Und dann muss man sich auch noch an die neue Dauer-Verantwortung gewöhnen.
- ➜ Die hormonelle Umstellung der Mutter führt manchmal zu depressiven Verstimmungen (Baby-Blues); die Erholung von der Geburt braucht mehr Zeit als erhofft, oder das Stillen klappt nicht.
- ➜ Der Vater würde gerne mehr vom Kind haben, aber wenn es gerade einmal nicht schreit, wird es gestillt oder es schläft.
- ➜ Mütter und Väter fühlen sich unangenehm fremdbestimmt. Plötzlich können sie ihre Zeit nicht mehr frei einteilen, müssen rund um die Uhr verfügbar sein und sind vollkommen unflexibel.

Nach Marens Geburt befand ich mich im Dauerstress. Ich traute mich kaum, unter die Dusche zu gehen oder eine Freundin anzurufen – es hätte ja sein können, dass Maren Hunger bekommt, die Windel voll macht oder aus sonst einem Grund anfängt zu schreien. Nachts konnte ich nicht einschlafen – das Baby könnte ja jederzeit aufwachen und mich brauchen. Diese Phase dauerte zum Glück nicht sehr lange – ich fand sie nämlich körperlich und psychisch unglaublich anstrengend. *Christina*

Das alles kann dazu führen, dass die eigenen Gefühle für das Baby nicht mehr nur positiv sind – was man eigentlich von sich erwartet hat. Dann kommen auch noch Schuldgefühle dazu. Manche Eltern werden von einem fürchterlich schlechten Gewissen geplagt, weil sie ihr Kind nicht so lieben können, wie sie es von sich gedacht haben.

Wenn Ihnen das alles keine Probleme bereitet, sollten Sie einfach Ihr Baby genießen, sich nicht lange mit diesem Abschnitt beschäftigen und gleich zum nächsten übergehen. Für alle anderen hier ein paar Tipps:

- ➜ Dass Sie am Anfang in einem Gefühlschaos stecken, ist normal. Machen Sie sich deshalb möglichst keine Vorwürfe. Vieles wird sich nach und nach einpendeln.
- ➜ Geben Sie sich Zeit dafür, einen neuen Lebensrhythmus zu finden. Nehmen Sie sich nicht zu viel vor. Nutzen Sie die Schlafphasen des Kindes, um sich selbst zu erholen, und machen Sie sich keinerlei Gedanken wegen Ihrer Tagesleistung.
- ➜ Machen Sie sich bewusst, dass die Eingewöhnungsphase vorbei gehen wird.
- ➜ Entwickeln Sie einen gesunden Selbsterhaltungstrieb, und tun sie einmal am Tag etwas Gutes für sich (am besten nach der Baby-Fütterung): in Ruhe eine Tasse Tee trinken, duschen oder Zeitung lesen. Lassen Sie sich während dieser Minuten von niemandem stören, auch nicht vom Sprössling.
- ➜ Geben Sie sich als Elternpaar gegenseitig Freiräume, wenn es irgendwie geht. Es kann sehr erholsam sein, die Familie für einige Zeit zu verlassen – und sei es nur für eine Stunde.
- ➜ Sprechen Sie mit Ihrer Nachsorgehebamme über Ihre Probleme. Von ihrem Wissen können Sie garantiert profitieren.
- ➜ Unterhalten Sie sich mit Menschen, denen es ähnlich geht, z. B. in Stillgruppen, Selbsthilfegruppen oder in Internet-Foren (*www.family.de, www.familie.de, www.urbia.com*).

Mutter und Kind: Liebe auf den ersten Blick?

Eigentlich bin ich eher nah am Wasser gebaut, und es gibt kaum einen Kinobesuch, bei dem keine Tränen fließen. Komischerweise musste ich aber weder bei Marens noch bei Lenas Geburt weinen. Es ist schwer zu beschreiben, welche Gefühle statt der erwarteten Rührung vorherrschten: Ich war erleichtert, ein bisschen ausgelassen und irgendwie »high«. Es dauerte eine Weile, bis ich mich dem neuen Menschen an meiner Seite voll widmen, ihn in Ruhe bestaunen und Muttergefühle entwickeln konnte. Die Rührungstränen kamen erst ein paar Tage später. *Christina*

Eine Zeit lang ging man davon aus, dass vor allem die ersten Stunden nach der Geburt ausschlaggebend für das so genannte »Bonding« sind. Damit ist die feste Bindung zwischen Mutter und Kind gemeint. Natürlich ist es schön, wenn die neue Familie direkt nach der Geburt zusammen sein kann. In den Stunden nach der Geburt sind sowohl Mutter als auch Kind durch den Überschuss an Adrenalin oft außergewöhnlich wach und aufnahmefähig – bereit zum gegenseitigen Beschnuppern.

Manchmal ist das unmittelbare Kennenlernen aber aufgrund des schwierigen Geburtsverlaufs oder nach einem Kaiserschnitt nicht möglich. In solchen Fällen kann natürlich auch später noch eine tragfeste Beziehung entstehen.

Ohne Kinder wäre die Welt eine Wüste.
Jeremias Gotthelf

Das Baby ist mit seiner Geburt darauf programmiert, sich auf Gedeih und Verderb an andere Menschen zu binden. Es ist auf jemanden angewiesen, der es liebt, seine Bedürfnisse wahrnimmt, erfüllt und ihm Geborgenheit schenkt. Deswegen sucht es Augenkontakt, äußert sein Befinden durch Schreien und ahmt sogar bestimmte Grimassen nach. Und nicht zuletzt: Es sieht niedlich aus und ruft damit in seiner Umgebung reichlich merkwürdige Reaktionen hervor. Intuitiv kommuniziert man mit einem Baby anders als mit Erwachsenen. Jeder normale Mensch wäre wahrscheinlich auch unangenehm berührt, würde er babygerecht behandelt:

- → Die Stimme rutscht ein paar Tonlagen nach oben in den Frequenzbereich, den das Baby am besten hören kann (»Ammensprache«).
- → Mimik und Gestik werden hoffnungslos übertrieben und etwas verlangsamt, damit das Baby mit seiner langen Leitung überhaupt die Chance hat, etwas mitzukriegen.
- → Der kleine Mensch wird im optimalen Augenabstand von ca. 25 cm gehalten – auf die Distanz sieht er am besten.
- → Die Sprache vereinfacht sich, und man wiederholt sich ständig (manche versteigen sich gar zu so geistreichen Formulierungen wie »ei dutzi, dutzi, dutzi«) – beobachten Sie es einmal bei anderen, bei sich selbst merkt man es meistens gar nicht.
- → Mütter reagieren intuitiv angemessen auf Babygeschrei: beruhigende Worte sprechen, das Kind hochnehmen, in den Armen wiegen, ihm die Brust geben.

Früher waren in der Säuglingspflege eine Reihe unsinniger und unnatürlicher Reglementierungen üblich: Mutter und Kind wurden nach der Geburt erst einmal voneinander getrennt (um sich zu erholen) und feste Fütterungszeiten strikt eingehalten. Man propagierte, das Kind nachts schreien zu lassen, und erachtete die Brustdesinfektion vor dem Anlegen als hygienische Notwendigkeit. Väter durften ihren Nachwuchs nur durch eine Glasscheibe hindurch bewundern. Das wirkt auf manchen Entbindungsstationen und in den Köpfen von Verwandten und Freunden teilweise heute noch nach. Deshalb:

Man braucht nicht immer denselben Standpunkt zu vertreten, denn niemand kann einen daran hindern, klüger zu werden.
Konrad Adenauer

- → Lassen Sie sich nicht verunsichern. Vertrauen Sie darauf, dass Sie in der Lage sind, eine tragfähige und innige Beziehung zu Ihrem Baby aufzubauen und seine Bedürfnisse zu erfüllen – auch wenn die großen Muttergefühle manchmal auf sich warten lassen.
- → Übernehmen Sie von Anfang an die Verantwortung für das Baby. Bestehen Sie gegenüber Ärzten, Krankenschwestern und Hebammen darauf, über alles informiert zu werden, was den Säugling betrifft. Versorgen Sie Ihren Nachwuchs auf der Entbindungsstation weitgehend selbst oder mit dem Vater zusammen, sofern Sie nicht durch widrige Umstände daran gehindert werden.
- → Verlassen Sie sich auf Ihre Intuition, und überhören Sie manche gut gemeinten Ratschläge, wenn Sie eine andere Meinung haben.
- → Natürlich ist es gut, einen oder mehrere Babyexperten im Hintergrund zu haben. Wer wirklich etwas vom Umgang mit einem Neugeborenen versteht, wird Sie in Ihrer Selbstständigkeit unterstützen und nur dann einen Rat geben, wenn Sie ihn tatsächlich wollen oder benötigen.
- → Gemeinsam verbrachte Zeit und zärtlicher Körperkontakt sind grundlegend für die Mutter-Kind-Bindung. Diese Aspekte der Beziehung hat der Schöpfer bereits im Paket mitgeliefert: Durch das Stillen und Wickeln wird die Mutter zwangsläufig dazu veranlasst, Nahkontakte zum Baby einzugehen. Je jünger und hilfloser der Säugling ist, desto mehr Zeit benötigen diese Aktivitäten. Nutzen Sie die Still- und Wickelphasen zum Schmusen und Plaudern, dann haben Sie gleich zwei Fliegen mit einer Klappe geschlagen – und Ihr Baby wird es genießen.

Vater werden ist nicht schwer ...

Ich habe mich als frisch gebackener Vater über- und unterfordert zugleich gefühlt. Ich wollte zwar meine Frau entlasten, konnte aber häufig nicht viel beitragen, wenn das Kind geschrieen hat. Ansonsten waren es sehr ruhige Tage. Ich hatte Urlaub und war zu Hause. Man schonte uns, und wir schonten uns auch. Das war ein etwas eigenartiges Gefühl, denn ich brauchte die Schonung eigentlich gar nicht. Ich habe mich sehr angebunden gefühlt, meiner Freiheit beraubt.

Leider bleibt dieses Gefühl ein Stück weit erhalten. Am schwierigsten finde ich nach wie vor, dass ich nicht mehr frei über meine Zeit verfügen kann, um mich z. B. zum Lesen zurückzuziehen, wenn ich das gerade gerne würde. *Christof*

Kleine Kinder sind ein enormes Management-problem, aus dem sich allmählich eine Beziehung entwickelt.
Libby Purves

Unsere Väter hatten es leichter. Geburt, Wickeln, Baden, nachts aufstehen – damit hatten sie nichts zu tun, das war reine Frauensache. Vom neuen Vater wird erwartet, dass er bei der Niederkunft mitatmet, dass er sich um die Ausscheidungen des Sprösslings kümmert, dass er in den ersten Wochen den Haushalt übernimmt und nachts auf der Matte steht, wenn das kleine Bündel nach Nahrung ruft. Natürlich muss er trotzdem noch die Brötchen verdienen – und das allein braucht in schwierigen wirtschaftlichen Zeiten eigentlich den ganzen Mann.

Naturbedingt können wir Männer nichts zum Stillen beitragen. Das ist vor allem nachts von Vorteil. Aber es macht manchmal auch neidisch, wie leicht Mütter ihre Neugeborenen glücklich machen können. Da rennt man als Vater mit dem Baby auf und ab, nimmt es in den Arm, singt, tanzt, spricht mit ihm – alles ohne Effekt, der Nachwuchs schreit sich die Kehle aus dem Leib. Dann geht die Tür auf und die Mutter kommt. Sie nimmt das Kind hoch und sofort verstummt das Geschrei. Schon allein der Geruch der Mutter reicht oft aus, um die Kleinen zu beruhigen. Nach dem Stillen liegen die Babys dann entspannt und zufrieden auf dem Schoß und himmeln die Spenderin der köstlichen Flüssigkeit an. Der Vater darf sich dann wieder ums Wickeln kümmern.

Mal ganz ehrlich: Obwohl meine Töchter die süßesten der Welt sind, habe ich die ersten Wochen als Durststrecke empfunden, weil es zunächst überhaupt kein Feedback gab. Die Kleinen schauen sogar richtig an einem vorbei! Und richtig happy waren sie nur bei der Mutter. Zum Glück hat diese Durststrecke nur wenige Wochen gedauert. Das erste Lächeln mir gegenüber hat mich für alles entschädigt!
Christof

Früher hatten Väter tatsächlich kaum etwas mit der Babyphase zu tun. Man ging davon aus, dass Babys sowieso auf die Mutter fixiert sind und deshalb für den Vater nicht viel zu tun bleibt. Doch das war ein großer Irrtum. Ohne Stillen ist es vielleicht ein bisschen schwerer, eine innige Beziehung zum Nachwuchs aufzubauen, aber es ist trotzdem möglich. Eigentlich muss Papa sich nur ein bisschen in die Pflege einmischen, den Säugling herumtragen, viel mit ihm sprechen und ihm seine Liebe zeigen. Der Rest kommt von alleine – auch wenn Mann die ersten Reaktionen vielleicht erst nach ein paar Wochen bemerkt. Hier sind ein paar Tipps für (werdende) Väter:

- Väter spielen eine wichtige Rolle im Leben der Kleinen. Bereits im Mutterleib hören sie, was draußen vor sich geht. Das heißt, sie kennen die Stimme des Vaters, wenn sie auf die Welt kommen. Deshalb wird empfohlen, bereits mit dem Fötus zu kommunizieren, auch wenn es ein bisschen eigenartig ist, mit einem Bauch zu sprechen.
- Bei manchen Frauen wirkt sich der Mutterinstinkt so stark aus, dass sie ihr Kind kaum aus der Hand geben oder ständig nörgeln, wenn Papa mit dem Baby zugange ist. Lassen Sie sich davon auf keinen Fall verunsichern. Bestehen Sie z. B. darauf, das Wickeln oder das Baden zu übernehmen. Lassen Sie sich zeigen, wie es geht, und schicken Sie Ihre Frau notfalls danach aus dem Badezimmer.
- Wickeln: Manche Babys sind in diesen Momenten zwar nicht besonders glücklich, aber es sind in den ersten Wochen die wachsten Momente des Kindes. Diese Minuten sind deshalb am ehesten geeignet, um miteinander in Kontakt zu treten.

- Spazieren gehen: Das Kind ins Tragetuch packen und los geht's. Es ist ein großartiges Gefühl, wenn sich das Baby vertrauensvoll beim Papa anlehnt und einschläft.
- Baden: Hier sind Babys häufig in ihrem Element, sie kennen das feuchte Nass ja noch von neun Monaten Untermiete in Mamas Bauch.
- Sich das Kleine auf den Bauch legen: Kann den gleichen Effekt haben wie Spazierengehen.
- Herumtragen, Singen, Tanzen: Die meisten Babys lieben Musik und sanft-rhythmische Bewegungen.
- Reden: Babys hören sich – im Gegensatz zu ihren Müttern – alles schweigend an: Fußball, Börsenkurse, Autos. Es kommt ihnen nicht auf den Inhalt, sondern auf die freundliche Ausstrahlung ihres Gesprächspartners an.
- Wenn das Kind einige Monate alt ist, kann Mann es zum Joggen, Inline-Skaten, Einkaufen, Altpapier wegbringen, Wandern etc. mitnehmen. Solche gemeinsamen Aktivitäten stärken die Beziehung, auch wenn dadurch zugegebenermaßen alles viel zeitaufwendiger wird.

Studien haben gezeigt, dass Väter stärker über Körperkontakt mit ihren Kindern kommunizieren, während Mütter mehr mit ihnen sprechen. Wenn die Kinder etwas robuster sind, sind wir Väter vor allem fürs Toben zuständig. Männer sind weniger ängstlich im Umgang mit ihren Kindern, machen wildere Spiele mit ihnen, spielen intensiv und fantasievoll. Insofern ergänzen sich Mutter und Vater hervorragend.

Kapitel 2

»Hallo, wer bist du denn?« So lernen Sie Ihr Baby kennen

In diesem Kapitel erfahren Sie ...

- → ***wie Sie Ihrem Baby helfen, sich in seiner neuen Umgebung zurechtzufinden***
- → ***was Ihr Kind im ersten Lebensjahr so alles kann und lernt***
- → ***wie Sie Ihr Baby behutsam in seiner Entwicklung fördern können***

Babys neue Welt

Drei Dinge sind uns aus dem Paradies geblieben: Sterne, Blumen und Kinder.
Dante Alighieri

Was Eltern empfinden, wenn ein neues Wesen ihr Leben betritt, können wir ganz gut nachfühlen. Wie es dem Baby geht, wenn es seinen wassergepolsterten Schutzraum im Bauch der Mutter verlassen hat, können wir uns dagegen kaum vorstellen – obwohl wir es alle schon erlebt haben. Um das neugeborene, unbekannte Wesen besser zu verstehen, müssen wir uns in seine Lage versetzen. Vielleicht lässt sich seine Situation am ehesten mit einer Reise in ein völlig fremdes Land vergleichen. Man kennt weder die Sprache noch die Gewohnheiten der Ureinwohner. Umgebung und Gebräuche sind gänzlich unbekannt. Man fühlt sich unsicher, braucht dringend Orientierung und am besten einen Reiseführer, der sich auskennt und alles erklärt, was man wissen muss.

Das Baby kommt mit der Geburt in eine völlig neue Welt. Plötzlich gibt es statt des gedämpften, rot-blauen Lichts im Uterus viele verschiedene Farben und Geräusche. Neben den neuen Eindrücken muss es sich auch noch mit seinem eigenen Körper zurechtfinden, der sich außerhalb des Wassers völlig anders anfühlt als bisher. Wurde der Fötus mit einer gleich bleibenden Energie- und Sauerstoffzufuhr versorgt, muss das Neugeborene den Kreislauf von Hunger, Nahrungsaufnahme und Verdauung kennen lernen und ganz alleine atmen.

Zum Glück ist dem Baby nicht alles fremd: Es kennt schon die Stimmen seiner Eltern und Geschwister. Sie sind die optimalen Fremdenführer für das Neugeborene.

Wie können Sie Ihrem Baby helfen, sich in der neuen Welt zurechtzufinden?

- → Sicherheit und Geborgenheit erfährt das Neugeborene vor allem in der Nähe seiner Eltern – Ihre Stimmen sind ihm vertraut. Bleiben Sie nach der Entbindung möglichst in seiner Nähe und kosten Sie die ersten Minuten des gemeinsamen Lebens aus.
- → Zeigen Sie dem kleinen Wunder behutsam die Umgebung, und muten Sie ihm in den ersten Wochen nicht zu viel Neues zu. Kleine Babys brauchen nicht viel Abwechslung.
- → Ändern Sie nicht ständig die »Sitten und Gebräuche«. Wenn Ihnen die Alltagsroutine aus Füttern, Wickeln, Spielen und Schlafen

auch schnell öde erscheint und Sie bald feststellen, dass Sie immer wieder die gleichen Sätze im gleichen Tonfall sagen (»Hallo süße Maus, wer schimpft denn da so? Hast du Hunger? Ja, du kriegst ja gleich was!«) – Ihrem Baby gibt es Sicherheit, wenn sich die Tagesabläufe ähneln und sich in all dem Fremden langsam ein Muster herausbildet.

→ Gönnen Sie Ihrem Baby Ausflüge in seine »alte Umgebung«: ein warmes Bad, geschaukelt werden, eng eingewickelt sein – all das erinnert Ihr Baby an sein vertrautes Leben in Mamas Bauch.

→ Besonders viel Nähe und Geborgenheit erfährt der kleine Säugling nackt auf Mamas oder Papas ebenfalls unbekleidetem Bauch. Unmittelbare Körperwärme und Herzschlag-Beschallung sind eine Wohltat – nicht nur für das Baby.

Babymassage, Badesessions und andere Vergnügungen

Wenn die ersten aufreibenden Wochen vorbei sind und man nicht mehr ausschließlich mit Stillen, Wickeln und Ausruhen beschäftigt ist, entwickeln sich Freiräume für neue Aktivitäten, um sich gegenseitig kennen zu lernen.

→ Ein gemeinsames Bad mit dem Baby ist sowohl bei Müttern als auch bei Vätern beliebt. Ideal ist es, wenn der andere Elternteil in der Nähe ist, um den nassen Zwerg in Empfang zu nehmen. Man kann aber auch einen Korb mit einem kuscheligen Handtuch auskleiden und das Baby nach dem Bad so lange darin ablegen, bis man sich selbst abgetrocknet hat.

→ Die meisten Babys lieben es, massiert zu werden. Einfach ein paar Tropfen Öl in den Händen erwärmen und dann alle Körperteile sanft streichend einreiben. Viele Hebammen bieten Kurse an, in denen babytaugliche Massagegriffe erlernt werden können.

→ Unternehmen Sie etwas mit dem Baby. Ob Museumsbesuch, Stadtbummel oder Kaffeeklatsch – die meisten Kleinen sind glücklich, wenn es etwas zu schauen gibt und sie mit Mama unterwegs sein können. Ganz nebenbei entdecken sie die Welt.

→ Auch sanfte Turnübungen machen Säuglinge gerne mit. Lassen Sie das Baby auf Ihren Armen durch die Wohnung fliegen, blasen Sie einen Luftballon auf und zeigen Sie dem Nachwuchs, was man damit alles anstellen kann. Man entwickelt im gemeinsamen Spiel oft eine ungeahnte Fantasie und braucht keine Angst zu haben, sich vor dem Baby zu blamieren – es findet seine Eltern uneingeschränkt toll!

Entwicklung im ersten Lebensjahr – vom ersten Schrei zum ersten Schritt

Das Gras wächst nicht schneller, wenn man daran zieht.
Afrikanisches Sprichwort

Nie mehr verändert sich die Welt für einen Menschen so schnell wie im ersten Lebensjahr. Aus einem schläfrigen Wesen, das sich nur saugend von Milch ernähren kann und zur Fortbewegung vollkommen auf andere angewiesen ist, wird innerhalb von zwölf Monaten ein wissbegieriger kleiner Zwerg, der schon mit am Tisch sitzt und einen unbändigen Tatendrang an den Tag legt. Oft ist der Sprössling dann sogar schon in der Lage, freie Schritte zu gehen und die ersten Wörter zu sprechen.

Dabei verläuft die Entwicklung nach einem gewissen Schema, das genetisch vorgegeben zu sein scheint. Natürlich spielen die Umweltbedingungen auch eine Rolle. Aber das meiste lernen Kinder sozusagen aus innerem Antrieb, ohne dass die Eltern es ihnen beibringen müssen. So beginnen Kinder z. B. im Alter von etwa 5 bis 7 Monaten, sich zu drehen – obwohl niemand es ihnen vormacht. Wichtig ist: Jedes Kind entwickelt sich in seinem eigenen Tempo. Eltern tun gut daran, ihr Kind nicht zu Fortschritten zu drängen, indem sie beispielsweise mit ihm das Laufen üben, obwohl es selbst noch kein Interesse daran zeigt, auf eigenen Beinen zu stehen. Eine schnelle motorische Entwicklung ist nicht, wie häufig angenommen, ein Zeichen für besondere Intelligenz. Erst recht nicht, wenn sie forciert wird.

Bei unserer älteren Tochter konnte es uns gar nicht schnell genug vorwärts gehen. Wochenlang warteten wir sehnsüchtig auf das erste Lächeln. Als sie sich drehen konnte, waren wir unheimlich stolz, und Maren musste allen, die in dieser Zeit bei uns zu Besuch waren, ihr »Kunststück« vorführen. Meterweise Videobänder zeigen Maren, wie sie auf ihrer Decke liegt und strampelt. Im Hintergrund hört man uns wahlweise »Maren, lächeln!« oder »Maren, dreh dich mal!« rufen. Bei Lena erleben wir das anders. Als sie uns mit sieben Wochen das erste Mal anstrahlte, waren wir richtiggehend überrascht. Wir freuen uns natürlich, wenn sie etwas Neues kann – aber es ist jetzt auch ein bisschen Wehmut dabei, weil wir wissen, wie schnell die Baby-Zeit vorbei geht. *Christina und Christof*

Natürlich ist es auch möglich, ein Baby in seiner Entfaltung zu behindern. Oft geschieht das aus einer ängstlichen Haltung heraus. Beispiele hierfür sind:

Pack deine Kinder in Watte und sie ersticken an deiner Fürsorge.
Werner Mitsch

- Die Händchen des Säuglings in Handschuhe zu packen, weil er sich sonst das Gesicht zerkratzen könnte. Hände sind quasi eingebaute Spielzeuge. Man nimmt dem Baby damit wichtige Beschäftigungs- und Erfahrungsmöglichkeiten.
- Das größere Baby davon abhalten, Spielzeug in den Mund zu stecken, weil das unhygienisch sein könnte. Mit dem so genannten Mundeln erkundet das Baby anfangs die Welt und macht damit wichtige Erfahrungen über die Beschaffenheit bestimmter Gegenstände.
- Beim Spielen zeigen, wie es »richtig« geht. Ein Baby hat einen ganzheitlichen Zugang zu Spielzeug, es wird je nach Alter ganz unterschiedlich damit umgehen, beispielsweise das Spielzeugauto auf den Boden hauen oder die Puppe an den Haaren hinter sich herziehen. Es ist wichtig, dass es frei experimentieren kann – auch wenn der Hersteller das Spielzeug zu einem anderen Zweck produziert hat.
- Ängstliche Reaktionen auf das Laufenlernen. Hinfallen gehört zum Laufen dazu. In der Regel passiert sowieso nichts, weil das Kind keine große Fallhöhe hat und noch recht leicht ist. Meistens fällt es auf den gewindelten Po und tut sich überhaupt nicht weh.

In den ersten Lebensjahren eines Kindes bringen ihm die Eltern Gehen und Sprechen bei, in den späteren verlangen sie dann, dass es stillsitzt und den Mund hält.

Johann Nepomuk Nestroy

Entwicklungskalender

	körperliche Entwicklung	*mentale Entwickl ung*	*sprachliche Entwicklung*	*Entwicklung des Sozialverhaltens*
ein Monat	reflexartige Arm- und Beinbewegungen Kopf muss gestützt werden starrt Gegenstände an, greift aber nicht danach kann Objekte in ca. 20 cm Entfernung scharf sehen	sieht am liebsten Gesichter und scharf abgegrenzte, kontrastreiche Muster Verhaltensrepertoire ist zum großen Teil reflexgesteuert schreit, um Unbehagen auszudrücken	reagiert auf Stimmen mag es, angesprochen zu werden	sucht Augenkontakt liebt engen Hautkontakt erkennt die Stimmen der Eltern lächelt bei Wohlbehagen
zwei Monate	kann den Kopf zunehmend selbst aufrecht halten Hände öffnen sich kann einen Gegenstand kurz festhalten fixiert bewegte Gegenstände (Mobile)	protestiert, wenn Bedürfnisse nicht erfüllt werden möchte beschäftigt werden	gurgelt, quietscht und blubbert kann seine Stimmung mit Lauten differenzierter ausdrücken	lächelt zurück, soziales Lächeln studiert Gesichter Persönlichkeitsmerkmale lassen sich feststellen
drei Monate	nimmt gestreckte Körperhaltung ein hat den Kopf unter Kontrolle rollt sich vom Rücken auf die Seite spielt mit den Händchen rudert mit den Armen	entdeckt seine Arme und Beine betrachtet gerne Bilder mit starken Kontrasten lernt Ursache und Wirkung kennen (wenn man die Rassel schüttelt, gibt es ein Geräusch)	experimentiert mit Vokalen schreit je nach Bedürfnis auf unterschiedliche Weise	kann Augenkontakt aufnehmen lächelt Gesichter an unterscheidet Eltern von Fremden hört auf zu schreien, wenn man sich ihm nähert

vier Monate	greift nach Spielzeug sitzt gerne halb aufrecht und beobachtet die Umgebung dreht den Kopf nach Bezugspersonen, wenn sie herumlaufen	entwickelt Erwartungshaltung, ist enttäuscht, wenn sie nicht erfüllt wird untersucht Gegenstände, indem es sie in den Mund steckt	verändert die Mundstellung, um unterschiedliche Laute zu produzieren	lacht laut begrüßt Bezugspersonen, mit »Ganzkörperstrampeln« streckt die Ärmchen entgegen, wenn es hochgenommen werden möchte liebt es, wenn man sich mit ihm unterhält
fünf Monate	rollt sich vom Bauch auf den Rücken und umgekehrt spielt mit den Zehen kann zielgerichtet greifen gibt Spielzeug von einer Hand in die andere	wehrt sich, wenn es etwas nicht mag (z. B. anziehen oder Nase putzen)	brabbelt ausgiebig	interessiert sich besonders für die Mundbewegungen, steckt Finger gerne bei Bezugspersonen in den Mund
sechs bis neun Monate	sitzt ohne Unterstützung rollt in der Wohnung herum zeigt auf Gegenstände trinkt aus der Tasse geht auf alle Vieren und wippt greift mit Daumen und Zeigefinger (Pinzettengriff)	betrachtet Gegenstände genau, dreht sie hin und her entdeckt, dass ein Spielzeug auch dann noch da ist, wenn man es nicht sehen kann (z. B. unter einer Decke versteckt)	macht viele unterschiedliche Geräusche experimentiert mit unterschiedlichen Lautstärken und tiefen bzw. hohen Tönen hängt zwei Silben aneinander (de-de, ba-ba)	verhält sich Fremden gegenüber scheu oder zurückhaltend (»fremdelt«) reagiert auf seinen Namen betrachtet sich gerne im Spiegel kann Stimmungen gut ausdrücken
neun bis zwölf Monate	krabbelt, robbt oder rutscht auf dem Po zieht sich zum Stehen hoch kann mit Unterstützung laufen	versteht einfache Sätze (z. B. »Komm her!«) und »Nein!« betastet Gegenstände spielt mit Behältern, die es immer wieder füllt und ausleert	spricht einfache Wörter (Mama, Papa, heiß) kann Geräusche nachmachen z. B. Räuspern oder Husten	empfindet Stolz mag Spiele
zwölf bis fünfzehn Monate	läuft frei klettert die Treppe hoch kann einen Stift festhalten wippt zur Musik	erinnert sich bevorzugt die rechte oder die linke Hand baut mit Bauklötzen	spricht einige Wörter sagt »Nein« und schüttelt den Kopf kann einfache Anweisungen ausführen	ahmt Verhalten der Erwachsenen nach schaut gerne Bilderbücher an zeigt Temperament, wenn es sich ärgert, Trotzalter beginnt

Wie gesagt: Jedes Kind entwickelt sich nach seinem eigenen Programm. Die oben angegebenen Eckdaten sind deshalb nur Richtwerte. Bei Ihrem Kind kann das erheblich abweichen, ohne dass Grund zur Panik besteht. Sprechen Sie bei den regelmäßigen Vorsorgeuntersuchungen mit Ihrem Kinderarzt, wenn die Fortschritte Ihres Babys Ihnen Sorgen bereiten.

Eltern als behutsame Entwicklungshelfer

Sie können Ihr Baby in seiner Entwicklung am besten unterstützen, indem Sie einfühlsam auf seine Bedürfnisse eingehen und seinem momentanen Stand entsprechend mit ihm spielen. Achten Sie einfach auf die Signale des Babys. Es zeigt oft deutlich, woran es am meisten Interesse hat. Im Folgenden haben wir nach Altersstufen geordnet ein paar Ideen zusammengestellt:

Bis zum dritten Monat

- → Babys ab der sechsten Woche sind manchmal schnell gelangweilt, wenn sie merken, dass sich in ihrer Umgebung nicht viel verändert. Sie wollen neue Gegenstände entdecken und erfühlen. Sie kommen aber noch nicht selbst an sie heran. Zeigen Sie Ihrem Kind deshalb die Umgebung, und ermöglichen Sie ihm neue Eindrücke.
- → Hängen Sie ein Mobile auf, und schubsen sie es ab und zu an, damit es sich bewegt.
- → Loben Sie Ihren Zwerg für seine neu erworbenen Fähigkeiten. Lob tut dem Baby gut und spornt es an.
- → Imitieren Sie Ihr Baby, wenn es Geräusche macht. Unterhalten Sie sich mit ihm. Reagieren Sie auf seine Äußerungen.
- → Halten Sie Ihrem Kind Spielzeug hin, damit es das Greifen üben kann.
- → Lassen Sie es auch einmal allein spielen.
- → Babys genießen es in dem Alter sehr, nackt zu strampeln.

Vierter bis sechster Monat

- → Viele Kinder beginnen in diesem Alter, mit Rasseln oder Greifringen zu spielen. Es eignet sich alles, was beim Schütteln Lärm macht und für das Baby gut zu fassen ist.

- → Nehmen Sie Ihr Kind auf den Schoß und lassen Sie es im Sitzen Gegenstände untersuchen.
- → Sagen Sie Ihrem Kind, wenn Sie den Raum verlassen. Sprechen Sie weiter mit ihm, wenn Sie in einem anderen Zimmer sind.
- → Spielen Sie mit Ihrem Kind Kuckuck- und Versteckspiele.
- → Machen Sie Ihre Wohnung babysicher. Stellen Sie alle gefährlichen und durch das Baby gefährdeten Gegenstände außer Reichweite.

Sechster bis neunter Monat

- → Geben Sie Ihrem Kind unterschiedliche Formen zum Spielen.
- → Überlassen Sie dem Kind einen Schrank oder ein Regal zum Ausräumen. Besonders gut geeignet sind die Plastikschüsseln in der Küche, Socken oder andere ungefährliche Materialien.
- → Von den Eltern ist jetzt eine konsequente Haltung gefragt. Wenn Sie nein sagen, sollten Sie (meistens zumindest) dabei bleiben. Feste Regeln geben dem Kind Sicherheit.
- → Ihr Baby versteht nun schon einiges. Schauen Sie mit ihm Bilderbücher an und benennen Sie die Dinge, die es dort zu sehen gibt.
- → Sagen Sie Ihrem Baby, womit es spielen darf und womit nicht. Erklären Sie ihm die Grenzen.
- → Wenn es aufgrund eines Verbotes sauer ist, lenken Sie es am besten mit etwas anderem ab.
- → Loben Sie Ihr Kind, wenn es etwas richtig macht.
- → Zeigen Sie Verständnis für das, was es zu sagen versucht.
- → Machen Sie mit Ihrem Kind Sing- und Bewegungsspiele.

Zehnter bis zwölfter Monat

- → Lassen Sie Ihr Kind auch ruhig einmal alleine essen, wenn es will – aber decken Sie zur Schonung Ihres Nervenkostüms den Bereich um den Stuhl mit einer Plastikfolie ab.
- → Geben Sie ihm »echte« Gegenstände zum Spielen, die es verkraften können, beispielsweise Taschen oder ein Portemonnaie. Auch Schlüssel und das Telefon sind in diesem Alter sehr beliebt.
- → Jetzt können Sie auch von Ihrem Baby verlangen, dass es gewisse Rücksichten nimmt, also dass es beispielsweise mit dem Essen warten muss, bis Sie die Spülmaschine ausgeräumt haben.
- → Lassen Sie Ihr Kind mithelfen, wenn es das will, zum Beispiel beim Tischdecken.

Kapitel 3

Schlaf, Baby, schlaf ...

In diesem Kapitel erfahren Sie ...

- → ***welcher Schlafrhythmus für Neugeborene natürlich ist***
- → ***wie Sie möglichst viel Nachtschlaf bekommen***
- → ***wie Ihr Baby selbstständig einschlafen lernt***
- → ***warum es keine gute Idee ist, Ihr Kind nachts schreien zu lassen***

»Und, schläft sie schon durch?«, wurden wir das erste Mal gefragt, als Lena gerade einmal zwei Wochen alt war. Die meisten Eltern können da nur müde lächelnd den Kopf schütteln. Kaum ein Baby in diesem Alter respektiert das Schlafbedürfnis seiner Bezugspersonen – was auch völlig normal ist. An Kraft und Nerven zehren die Schlafunterbrechungen trotzdem, und in jeder Krabbelgruppe kursieren Horrorstorys von vierjährigen Kindern, die ihre Eltern immer noch nächtelang auf Trab halten. Das trägt natürlich nicht gerade zu einem entspannten Umgang mit diesem Thema bei. Was können Sie tun, um die »nachtaktive« Phase möglichst gut zu überstehen? Und wie können Sie Ihrem Kind helfen zu akzeptieren, dass Mama und Papa auch einmal länger als zwei Stunden am Stück schlafen wollen?

Humor und Geduld sind die Kamele, mit denen wir durch jede Wüste kommen.
Phil Bosmans

Kleine Biologie des Schlafens

Um das Schlafverhalten von Babys realistisch einschätzen und angemessen reagieren zu können, sollte man einige biologische Fakten kennen. Im Mutterleib befindet sich das Ungeborene meistens in einem Zustand zwischen Schlafen und Wachen. Viele Föten halten regelmäßig zu bestimmten Uhrzeiten ausgeprägte Turnstunden ab, meistens am späten Abend oder in der Nacht. Oft behält das Baby diese Gewohnheit zum Leidwesen der Eltern nach der Geburt bei. Es muss den Unterschied zwischen Tag und Nacht erst kennen lernen. Dazu nutzt es die verschiedenen Merkmale der Tageszeiten: Stille in der Nacht, vielfältige Geräusche tagsüber, unterschiedliche Lichtverhältnisse usw. In den ersten Lebenswochen ist das Baby darauf angewiesen, nachts gefüttert zu werden, und von der Reife seines Gehirns her noch nicht in der Lage durchzuschlafen. Erst wenn das Kind mit der Zeit den Unterschied zwischen Tag und Nacht »verstanden« hat, verteilen sich längere Schlafanteile auf die Nacht. Von wenigen Ausnahmen abgesehen, können Babys frühestens ab dem dritten Lebensmonat sechs bis acht Stunden am Stück schlafen.

Schlaf ist nicht gleich Schlaf. Innerhalb einer Stunde wechseln sich bei Neugeborenen tiefe und oberflächliche Schlafphasen ab (bei Erwachsenen sind es drei Stunden). In den oberflächlichen Phasen wirkt das Baby unruhig, es atmet unregelmäßig und zieht Grimassen. Man hat den Eindruck, es träumt gerade lebhaft, oder es wacht gleich auf. Wenn das Baby in den Tiefschlaf gesunken ist, liegt es ganz ruhig und entspannt da. Ist ein Schlafzyklus zu Ende, folgt eine kurze Wachphase.

Welche Konsequenzen hat das für den Alltag?

→ Stellen Sie sich darauf ein, dass die Nächte in den ersten paar Wochen öfter unterbrochen werden. Versuchen Sie, den verloren gegangenen Schlaf tagsüber nachzuholen (was allerdings nur beim ersten Kind ohne Weiteres möglich ist).

→ Wenn Sie das Gefühl haben, das Kind wacht gleich auf, warten Sie erst ein paar Minuten ab, bevor Sie es aus dem Bett holen. Vielleicht hat es gerade nur eine oberflächliche Schlafphase und schlummert gleich weiter.

→ Helfen Sie Ihrem Baby, den Unterschied zwischen Tag und Nacht kennen zu lernen. Gestalten Sie den Tagesablauf möglichst regelmäßig, und veranstalten Sie bei nächtlichen Aktionen wie Füttern und Wickeln keinen großen Hüttenzauber. Schalten Sie nicht alle verfügbaren Lichter an (dafür wird Ihnen auch Ihr Partner dankbar sein!), sondern beschränken Sie sich auf eine Taschenlampe.

→ Plaudern und spielen Sie nachts nicht mit dem Baby. Sowohl Sie als auch Ihr Kind können dann leichter wieder einschlafen. Außerdem soll das Kind spüren, dass nachts andere Umgangsformen herrschen als tagsüber.

→ Wickeln Sie nur, wenn die Windel undicht ist, Ihnen eindeutige Düfte in die Nase steigen oder das Baby einen wunden Po hat.

→ Wenn Sie keine Vorbehalte dagegen haben: Stillen Sie Ihr Baby im Bett. Meistens schlafen Mutter und Kind dabei wieder ein. Das Füttern mit der Flasche gestaltet sich liegend leider etwas schwieriger – dafür schlafen Flaschenbabys statistisch gesehen etwas schneller durch.

→ Führen Sie ein einfaches Einschlafritual ein, das jeden Abend ungefähr um die gleiche Zeit stattfindet und immer ähnlich abläuft. Das Ritual hilft dem Baby beim Übergang in den Schlaf. Mit der Zeit verbindet das Kind dieses Ritual mit dem Einschlafen.

Ein Weg zum selbstständigen Einschlafen

Viele Eltern können ein Lied davon singen, wie sie ihr Kind mit viel Mühe in den Schlaf gewiegt haben. Sie vergewissern sich, dass es auch wirklich tief und fest schläft, legen es in ihr Bettchen und freuen sich auf einen angenehmen Abend vor dem Fernseher. Weit gefehlt. Nach einiger Zeit meldet sich das Kind wieder lautstark. Sie nehmen es aus dem Bettchen, trösten es, tragen es herum, bis es wieder einschläft – wenige Minuten später geht das Spiel von vorne los. Nicht wenige Eltern entwickeln in solchen Situationen den Wunsch, einen schalldichten Raum im Haus zu haben, um ihr Kind dort deponieren zu können, und bekommen das Gefühl, es sei schlichtweg boshaft.

Kein Kind ist so brav, dass die Mutter nicht froh ist, wenn es endlich schläft.
Ralph Waldo Emerson

Wenn man sich in die Lage des Kindes versetzt, ist das Schreien allerdings durchaus nachvollziehbar. Stellen Sie sich vor, Sie sitzen um zehn Uhr abends gemütlich an Ihren Partner gekuschelt vor den Nachrichten. Im Wohnzimmer brennen ein paar Kerzen, und es ist wohlig warm. Sie schlafen ein. Kurze Zeit später wachen Sie wieder auf, befinden sich plötzlich im ungeheizten Schlafzimmer, Ihr Partner ist vom Erdboden verschwunden, Sie haben keine Ahnung, wie Sie ins Bett gekommen sind und ob jemand die Kerzen ausgemacht hat. Würden Sie sich da einfach umdrehen und weiterschlafen?

Unserer Erfahrung nach ist es für eine vernünftige Nachtruhe unabdingbar, dass Babys lernen, alleine einzuschlafen, ohne von den Eltern so lange herumgetragen oder im Auto um den Block gekarrt zu werden, bis die Äuglein endlich zufallen. Das hängt mit den oben beschriebenen Schlafzyklen zusammen. Babys wachen nachts naturgemäß einige Male auf. Wenn sie dann völlig andere Bedingungen vorfinden als beim Einschlafen, schreien sie verständlicherweise.

Bei unserem ersten Kind sind wir – aus lauter Angst, es zu verwöhnen – oft nächtelang zwischen Bett und Wiege hin- und hergewandert. Bei unserer zweiten Tochter haben wir dann mit folgendem Modell gute Erfahrungen gemacht:

Die ersten Lebenstage schlief Lena fast ausschließlich bei uns im Bett. Nachdem sie sich einigermaßen an das Leben außerhalb meines Bauchs angepasst hatte, gewöhnten wir sie daran, mittags allein in ihrer Wiege einzuschlafen (nach der Mittagsmahlzeit). Fing Lena an zu krähen, gaben wir ihr den Schnuller und beruhigten Sie mit gutem Zureden. Nach wenigen Wochen verbrachte sie auch die erste Schlafschicht am späten Abend in ihrer Wiege. Die Nachtmahlzeiten bekam sie weiterhin bei mir im Bett, wo wir beide dann bis morgens weiterschlummerten. Alle Beteiligten waren mit dieser Lösung zufrieden: Lena kam zu ihrer Portion unmittelbarer Nähe, und Mama erhielt einige Stunden erholsamer Nachtruhe. *Christiana*

Natürlich ist es nicht jedermanns Sache, mit dem Baby im Bett zu liegen. Sie müssen aber nicht befürchten, das Kind im Schlaf zu erdrücken oder es mit Ihrer Decke zu ersticken (oft äußern die frisch gebackenen Großeltern Ängste dieser Art). Wie Filmaufnahmen zeigen, bewegen sich Eltern und Kind im Schlaf so, dass keine gefährliche Situation entsteht. Außerdem verfügen auch Neugeborene schon über Möglichkeiten, durch Zappeln oder Schreien ihr Unbehagen auszudrücken.

Ich liebe alle Kinder. Aber ich liebe auch meinen Schlaf.
Axel Hacke

Es wird in Ihrer Elternlaufbahn immer einmal wieder vorkommen, dass Ihr Kind nachts aufwacht und beruhigt werden muss. Solange Sie nicht darunter leiden und sich das Phänomen auf wenige Nächte beschränkt, beispielsweise während einer Krankheit, ist das auch kein großes Problem. Wenn die Nächte aber dauerhaft stressig werden und sich eine unbefriedigende Situation entwickelt, kann es hilfreich sein, ein Schlafprotokoll zu führen (ein entsprechendes Raster finden Sie im Anhang). Dort wird dann genau festgehalten, wie lange das Kind über den Tag verteilt schläft, wann es geschrieen hat und welche Methoden Sie angewendet haben, um es zu beruhigen. Experten stellen häufig fest, dass Eltern unrealistische Vorstellungen vom Schlafbedürfnis ihrer Sprösslinge haben. Oftmals schläft das Kind über den Tag verteilt zu lang und kann deshalb nachts nicht durchschlafen. Dann ist es vielleicht hilfreich, den Mittagsschlaf zu kürzen oder den Nachwuchs morgens sanft zu wecken (wobei man sich selbst allerdings auch aus dem Bett quälen muss), um allen Beteiligten zu einer angenehmen Nachtruhe zu verhelfen. Leider gibt es keine Tabelle, in der man nachlesen könnte, wie viel Schlaf ein Baby braucht. Jedes Kind hat einen anderen Schlafbedarf – manche Neugeborene schlafen vierzehn, andere zwanzig Stunden am Tag. Wie viel Schlaf Ihr Kind braucht, müssen Sie selbst einschätzen.

Schlafprotokoll

Datum	1.00	2.00	3.00	4.00	5.00	6.00	7.00	8.00	9.00	10.00	11.00	12.00	13.00	14.00	15.00	16.00	17.00	18.00	19.00	20.00	21.00	22.00	23.00	24.00

Schlafphase: —————— Schreien: XXXXXXX Stillen: S

Wachphase: (freilassen) Quengeln: ~~~~~~~~~

Kapitel 4

Blähbauch oder Langeweile? Wenn Ihr Baby schreit ...

In diesem Kapitel erfahren Sie ...

- → *warum Babys schreien – und wie sich Abhilfe schaffen lässt*
- → *wie Sie bei Dauergebrüll die Nerven bewahren*
- → *dass Ihr Baby nuckeln darf – ob nun mit Schnuller oder Daumen*
- → *wie Sie mit einem »Schreikind« klarkommen*

Alle Babys schreien. In den ersten Lebenswochen haben sie kaum andere Ausdrucksmöglichkeiten. Und es ist erstaunlich, wie effektiv diese Art der Kommunikation funktioniert. Babygeschrei ist nicht nur über mehrere Räume zu hören, es verfehlt bei den Erwachsenen, vor allem bei den Eltern, selten die gewünschte Wirkung. Vater und Mutter werden in der Regel alles stehen und liegen lassen, um den Bedürfnissen des Babys gerecht zu werden. Mancher Chef würde sich wünschen, dass seine Worte ähnliche Wirkung bei seinen Mitarbeitern zeigten.

Der Grundton in der Harmonie der Häuslichkeit muss immer das Kindergeschrei sein, sonst geht die wichtigste Stimme ab.

Johann Nepomuk Nestroy

Einige Wochen nach Lenas Geburt nahm Christina abends an einer Sitzung in unserer Kirchengemeinde teil. Maren war im Bett und schlief auch nach einiger Zeit ein, aber Lena war von Anfang an quengelig. Ich war zu diesem Zeitpunkt noch nicht so sicher im Umgang mit ihr. Ich trug sie mit mir herum, versuchte sie zu beruhigen, gab ihr Tee und die abgepumpte Muttermilch, die mir Christina hinterlassen hatte – es half alles nicht. Sie wurde von Minute zu Minute unruhiger. Nach eineinhalb Stunden war aus dem leisen Jammern konstantes Geschrei auf hohem Niveau geworden. Ich wurde immer genervter und Lena dementsprechend auch. Das Geschrei drang durch Mark und Bein, und ich fühlte mich völlig überfordert, hilflos, missverstanden und angeschrien. In diesem Moment hatte ich sogar ein gewisses Verständnis für die Babysitter, die dem anvertrauten Kind ein Kissen aufs Gesicht drücken, um es zur Ruhe zu bringen! Besonders frustrierend war, dass Lena sofort ruhig war, als Christina um die Ecke bog. *Christof*

Wenn ein Baby schreit, wird bei Erwachsenen Adrenalin ausgeschüttet. Der Blutdruck steigt, das Herz schlägt schneller. Der ganze Körper bereitet sich auf eine Anstrengung vor, befindet sich im Alarmzustand. Wenn Erwachsene ständig und über längere Zeit unter Dauergeschrei zu leiden haben, sich ständig im Zustand höchster Anspannung befinden, ist das schädlich für den Organismus. Das Immunsystem wird geschwächt, außerdem kann das Herz-Kreislauf-System darunter leiden.

Bis vor dreißig Jahren wurde vielen Eltern noch geraten, ihr Kind schreien zu lassen. Mittlerweile hat die Forschung nachgewiesen, dass

Begründungen wie: »Das Baby muss seine Lungen ausbilden« oder: »Man darf das Kind nicht verwöhnen« nicht stichhaltig sind. Es hilft dem Baby nicht, wenn man es schreien lässt. Man erzielt bei Säuglingen keinen Lerneffekt. Die Erkenntnis müsste ja lauten: »Aha, wenn ich immer wieder wegen Kleinigkeiten schreie, kommt meine Mama nicht mehr, also schreie ich jetzt nur noch, wenn ich sie wirklich brauche.« Zu solchen Folgerungen sind Babys im ersten Lebenshalbjahr nicht in der Lage. Es wird eher noch schlimmer. Je mehr man Babys ungetröstet schreien lässt, umso mehr schreien sie. Das heißt nicht, dass man bei jedem Quengeln aufspringen muss. Manchmal nörgeln sich Babys auch einfach in den Schlaf und bauen ihre Spannung auf diese Weise ab.

Für Eltern geht es nicht darum, was sie tun sollen, sondern was sie aushalten können.
Katharine Whitehorn

Eltern, denen zwischenzeitlich die Kraft fehlt, auf das Geschrei des Kindes zu reagieren, können es aber auch einmal schreien lassen. Davon geht die Welt nicht unter. Das Kind wird keine bleibenden Schäden von diesem einen Mal erleiden – aber es wird auch nicht davon profitieren. Erst etwa ab dem achten Monat können Babys durchaus manipulieren. Dann sollte man tatsächlich aufpassen, dass man sie nicht verwöhnt.

Grundsätzlich drückt das Kind mit Schreien eine Form von Missbehagen aus oder weist auf ein Bedürfnis hin. In den ersten drei Lebensmonaten schreien Babys zum Leidwesen der Erwachsenen allerdings auch häufig ohne nachvollziehbaren Grund. Diese Art des Schreiens tritt hauptsächlich in den Abendstunden auf, und die Schreizeit nimmt in den ersten sechs Wochen zu – auch wenn die Eltern sehr um das Wohlergehen ihres Babys besorgt sind und es gut pflegen. Wissenschaftler gehen davon aus, dass die etwas hektischere Stimmung in den frühen Abendstunden auf das Baby überspringt und es mit seinem Schreien darauf reagiert. Babys reagieren offensichtlich sehr viel stärker auf ihr Umfeld, als Erwachsene das wahrnehmen. Auch Stress und Spannungen bei seinen Eltern gehen nicht spurlos am Baby vorüber.

Das große Rätselraten

Dabei ist es keinesfalls so, dass Säuglinge immer auf die gleiche Weise schreien. Wer genau hinhört, wird schon bald verschiedene Arten des Schreiens beobachten.

- → Der Schrei nach Nahrung fängt meist verhalten an und steigert sich dann zu voller Lautstärke, in die sich ein aggressiver, zorniger Unterton mischt.
- → Bauchwehschreien hört sich ganz anders an. Es setzt ohne Vorankündigung unmittelbar bei voller Lautstärke ein und lässt Panik, Schmerz und Klage spürbar werden.
- → Müdigkeit drückt sich häufig in einem weinerlichen Quengelton aus.
- → Forscher haben noch weitere Varianten herausgefunden, aber die Unterschiede sind so subtil, dass sie den meisten Eltern entgehen – uns eingeschlossen.

Wenn genaues Hinhören nicht weiterhilft, findet das Ausschlussverfahren Anwendung, das Sie sicher aus Günther Jauchs Rateshow »Wer wird Millionär?« kennen. Dabei werden die möglichen Ursachen Schritt für Schritt abgehakt. Hat man das Problem gefunden, ist das Quiz zu Ende – und Eltern und Kind sind fast so glücklich, als hätten sie die Million gewonnen. Allerdings sollten Sie die unterschiedlichen Möglichkeiten keinesfalls hektisch oder routinemäßig durchgehen und dadurch zusätzliche Unruhe schaffen.

Die häufigsten Schreiursachen

Hunger

Für viele Eltern der nahe liegendste Grund, jedoch längst nicht immer auch die Ursache. Leider funktioniert das Ausschlussverfahren hier nicht reibungslos, denn meistens beruhigen sich die Babys, wenn sie an die Mutterbrust gelegt werden – unabhängig vom Grund ihres Unbehagens. Sollten Blähungen die Schreiursache sein, wird sich das Problem häufig nur zeitlich verlagern. Zunächst bringt das Stillen zwar Erleichterung, aber wenn neue Nahrung zur unverdauten Milch dazukommt, belastet das den Verdauungsapparat zusätzlich und führt zu weiteren Problemen. Um das zu vermeiden, sollten möglichst zwei Stunden vergehen, bis erneut gefüttert wird.

Blähungen

Früher glaubte man, Neugeborene könnten keinen Schmerz empfinden, weil das Nervensystem noch nicht voll ausgebildet ist. Doch

Ein Baby ist ein Magen mit einem Lautsprecher auf der einen Seite und einem Auspuff auf der anderen.
Jerry Lewis

diese Annahme hat sich als Irrtum herausgestellt. Bei einem Baby kann alles Mögliche wehtun, auch wenn es nicht krank ist, z. B. der wunde Po. Am verbreitetsten unter den harmlosen Schmerzen sind sicher Bauchschmerzen. Die so genannte Dreimonatskolik beginnt häufig mit der dritten Woche und hört relativ abrupt im dritten oder vierten Monat wieder auf. Die Ursachen sind letztlich nicht geklärt, aber man geht davon aus, dass der Verdauungsapparat noch nicht die hundertprozentige Leistung bringt und deshalb mit der Nahrung nicht richtig klar kommt. Die Koliken tauchen übrigens sowohl bei Flaschenkindern als auch bei Stillkindern auf – vermehrt allerdings bei Babys, deren Mütter während der Schwangerschaft geraucht haben.

Das hilft gegen Blähungen:

→ Streichen Sie mit Ihrer Hand im Uhrzeigersinn über den Bauch Ihres Babys.
→ Drücken Sie die Beine des Babys in Richtung Bauch, und führen Sie mit den angewinkelten Beinen kreisförmige Bewegungen im Uhrzeigersinn durch.
→ Legen Sie Ihrem Kind ein warmes Kirschkernsäckchen auf den Bauch. Sie können nach der Geburt ein Kirschkernsäckchen auf Kosten der Krankenkasse bekommen. Sprechen Sie mit Ihrer Nachsorgehebamme.
→ Möglicherweise hat Ihr Kind auch Probleme, Stuhlgang oder Luft abzulassen. In diesem Fall kann es helfen, das Fieberthermometer in den Po zu stecken.
→ Fliegerposition: Legen Sie Ihr Kind bäuchlings auf Ihren Unterarm, so dass seine Schulter in Ihrer Ellenbeuge liegt. Tragen Sie Ihr Kind durch die Wohnung, meist beruhigt es sich dann schnell, weil es in dieser Position gut pupsen kann und der Bauch schön warm gehalten wird.
→ Legen Sie Ihr Kind auf den Bauch.
→ Auch Fencheltee kann gegen Blähungen helfen. Achten Sie beim Kauf darauf, dass der Tee nicht gesüßt ist.
→ Angeblich soll es auch helfen, wenn die Mutter einen Löffel Kümmel zum Frühstück isst. Wir haben das nicht ausprobiert, dazu war der Leidensdruck nicht groß genug.

So vermeiden Sie Blähungen:

- → Stellen Sie sicher, dass der Sauger die richtige, altersgerechte Größe hat und zur Nahrung passt (Tee, Milch oder Breisauger), damit nicht zu viel auf einmal kommt.
- → Das Kind sollte nicht ständig trinken. Ein Abstand von ca. zwei Stunden zwischen den Mahlzeiten ist nötig, damit die Nahrung gut verdaut werden kann.
- → Das Baby sollte nach den Mahlzeiten aufstoßen, insbesondere, wenn es mit der Flasche gefüttert wurde.
- → Es kann auch sein, dass der Verdauungsapparat mit bestimmten Inhaltsstoffen aus der Muttermilch Probleme hat. Die üblichen Verdächtigen sind: Knoblauch, Zwiebeln, Schnittlauch, Radieschen, Hülsenfrüchte, Kohl. Manche Babys scheinen auch empfindlich zu reagieren, wenn die Mutter Kuhmilch getrunken hat (gilt nicht für Milchprodukte wie Joghurt, Quark und Käse). Sie müssen Ihren Ernährungsplan allerdings nicht komplett zusammenstreichen. Testen Sie nach und nach, wie Ihr Baby reagiert, wenn Sie eine bestimmte Zutat weglassen.
- → Das Schreien kann übrigens die Blähungen noch verlängern. Wenn das Baby viel Luft schluckt, sorgt das für weitere Bauchschmerzen.

Langeweile

Im Umgang mit dem Baby muss man am Anfang sicherlich die richtige Balance zwischen Action und Ruhe finden. Babys sind hier recht unterschiedlich. Manchen ist es schlichtweg zu langweilig, einfach nur auf ihrer Krabbeldecke zu liegen. Sie wollen Anregung.

- → Legen Sie Ihr Kind unter ein Mobile, nach drei Lebensmonaten werden auch »Babytrainer« interessant. Das sind Gestelle aus Holz oder Plastik, an denen verschiedene Spielzeuge zum Greifen und Anschubsen befestigt sind.
- → Sehr beliebt ist bei älteren Babys das Kuckuckspiel. Nehmen Sie ein leichtes Tuch, und ziehen Sie es über das Gesicht Ihres Kindes.
- → Natürlich genießen es Babys, herumgetragen zu werden oder wenn man mit ihnen spricht.
- → Andere Menschen können auch sehr interessant sein. Viele Babys sind in geselligen Runden sehr zufrieden.
- → Manche Babys haben auch Spaß daran, wenn man sich mit ihnen auf einen Gymnastikball setzt und auf und ab federt.

Jetzt sind die guten alten Zeiten, nach denen wir uns in zehn Jahren zurücksehnen werden.
Peter Ustinov

Müdigkeit

Ab dem vierten oder fünften Monat lässt sich diese Ursache relativ leicht erkennen. Die Kinder fangen dann nämlich an, sich die Augen zu reiben. Vorher ist es schwierig, das Schlafbedürfnis zuverlässig festzustellen. Relativ eindeutig ist es, wenn das Baby während des Tragens ständig wegdämmert. Legt man das Baby ins Bett, kann es allerdings sein, dass es weiter schreit, auch wenn Müdigkeit der Grund für sein Unwohlsein ist. Beim Schreien kann es aber möglicherweise Spannungen abbauen. Man sollte das Baby jedenfalls nicht beim ersten Piepser wieder aus dem Bett holen.

Volle Windel

Die warme Masse in der Windel muss Babys nicht stören, aber sie kann durchaus, vor allem wenn der Po wund ist. Viele Babys beruhigen sich schnell, wenn man sie auf die Wickelauflage legt, die Windel abnimmt und sie nackt strampeln lässt.

Einsamkeit

Grundsätzlich brauchen Säuglinge viel Ansprache und Körperkontakt. Es ist bei schreienden Babys immer einen Versuch wert, das Kind ins Tragetuch zu packen und mit ihm durch die Wohnung zu laufen, spazieren zu gehen oder im Haushalt zu werkeln. Für den Erwachsenen ist das meist auch sehr angenehm. Dass Babys schreien, wenn sie sich allein gelassen fühlen, ist eine völlig normale Reaktion. Schließlich können sie ohne einen anderen Menschen nicht überleben. Sie müssen am Anfang merken, dass immer jemand für sie da ist.

→ Bei kleinen Babys hilft es oft, wenn man ein getragenes T-Shirt oder Unterhemd der Mutter mit in die Wiege legt. Mamas Geruch gibt dem Säugling das nötige Geborgenheitsgefühl. Ältere Babys lassen sich mit solchen Tricks natürlich nicht mehr aufs Glatteis führen.

Überreizung

Die Aufnahmefähigkeit der meisten Babys ist begrenzt, vor allem weil sie viele Eindrücke noch nicht richtig verarbeiten können. Deshalb sind sie schnell überreizt. Normalerweise ist ein Säugling dazu in der

Lage, zu viele oder unangenehme Reize einfach »auszublenden«. Bei manchen scheint dieser Mechanismus aber nicht ausreichend zu funktionieren. Sie versuchen, durch Schreien mit der Überlastung fertig zu werden. Dann kann Folgendes helfen:

- → Vermeiden Sie häufige Ortswechsel.
- → Schalten Sie Fernseher, Stereoanlage oder Radio aus.
- → Dämmen Sie das Licht.
- → Sprechen Sie beruhigend mit Ihrem Kind.
- → Drücken Sie das Baby fest an sich.
- → Leichter gesagt als getan: Versuchen Sie, selbst zur Ruhe zu kommen. Atmen Sie tief durch, setzen Sie sich mit dem schreienden Säugling bequem hin, machen Sie die Augen zu und denken Sie an etwas Schönes.
- → Es kann eine Weile dauern, bis die Maßnahme wirkt. Lassen Sie sich nicht von der Hektik anstecken – bei Überreizung schadet es besonders, wenn Eltern anfangen, ihr Repertoire an Beruhigungsmaßnahmen hektisch abzuspulen. Bleiben Sie bei einer Sache, schauen Sie auf die Uhr und warten Sie erst einmal drei Minuten ab. Danach können Sie ja neu entscheiden, wie es weitergehen soll.

Zahnen

Vor dem fünften Lebensmonat brauchen Sie diese Schreiursache in der Regel nicht in Erwägung zu ziehen. Das erste Zähnchen bricht meist durch, wenn das Baby um die sechs Monate alt ist. Zuerst kommen die Schneidezähne im Unterkiefer zum Vorschein. Zeitliche Abweichungen sind aber völlig normal und eine Frage der Veranlagung. Der Zeitpunkt des Zahnens sagt nichts über den Entwicklungsstand des Babys aus.

Die neuere Babyforschung geht davon aus, dass Fieber und Durchfall nichts mit dem Zahnen zu tun haben. Von vielen Großmüttern und Müttern wird hier ein Zusammenhang hergestellt, weil sie erlebt haben, dass der erste Zahn und die erste Erkältung zeitlich zusammenfielen. Dass diese gerade im sechsten Lebensmonat auftaucht – so meinen die Forscher –, liegt aber nicht am ersten Zahn, sondern daran, dass viele Mütter zu diesem Zeitpunkt abstillen. Durch die Muttermilch profitiert das Kind von der Immunabwehr. Nach dem Abstillen ist es deshalb nicht mehr so gut gegen Erreger geschützt.

Das hilft Ihrem Baby beim Zahnen:

- → Geben Sie Ihrem Kind etwas zum Kauen. Gut geeignet sind geschälte Karotten, harte Brotkanten oder auch spezielle Beißringe. Am liebsten kauen die meisten Babys auf ihren Fingern herum.
- → Es gibt auch ein Gel, mit dem man das Zahnfleisch des Kindes einreiben kann. Meist ist der Effekt aber von kurzer Dauer, weil Babys das Gel ablecken.
- → Es kann helfen, die Kauleisten des Kindes zu massieren (vorher unbedingt Hände waschen).

Entwicklungskrisen

Ein Kind ist ein Buch, aus dem wir lesen und in das wir schreiben sollen.
Peter Rosegger

Es gibt Phasen, in denen auch die pflegeleichtesten Babys zu kleinen nimmersatten Schreihälsen werden und ihre Eltern in die Verzweiflung treiben. Meistens kommen diese Krisen gerade dann, wenn Mama und Papa den Eindruck haben: Jetzt läuft's – unser Kind trinkt gut, es ist zufrieden und glücklich in den Stillpausen, es lächelt uns an und schläft ohne Probleme ein. Umso heftiger empfinden sie den Wetterumschwung. Die gerade noch glücklichen Eltern müssen irritiert feststellen, dass ganz plötzlich ein Sturm aufgezogen ist. Alles, was eben noch wunderbar funktioniert hat, kann plötzlich schwierig sein:

- → Das Kind trinkt nicht richtig, will aber ständig angelegt werden.
- → Es jammert viel und will nicht mehr alleine auf der Spieldecke liegen, sondern ständig hochgenommen werden.
- → Es hat Einschlafprobleme und wacht nachts häufiger auf als sonst.
- → Das Kind wirkt unglücklich und irritiert. Es lächelt kaum noch.

Wenn mehrere dieser Phänomene wie aus heiterem Himmel auftauchen, gibt es meist eine einleuchtende Erklärung dafür: Ihr Baby macht einen Entwicklungsschub. Sowohl die geistige als auch die körperliche Entwicklung verläuft nämlich nicht in stetig anwachsenden Kurven, sondern in Sprüngen. Häufig nehmen die Eltern verblüfft wahr, dass das Kind plötzlich die Welt mit wacheren Augen sieht, stärker auf die Geschehnisse reagiert, mehr mit der Umwelt kommuniziert. Charakteristisch für so einen Schub ist, dass man keine kontinuierliche Entwicklung erkennen kann. Die neuen Fähigkeiten sind plötzlich da – völlig unvermittelt und unerwartet.

Meist ist dieser Entwicklungsschub mit einer Leistungssteigerung der Sinnesorgane verbunden. Das Kind sieht, hört, schmeckt und riecht besser. Die gesamte Wahrnehmung hat sich verändert – vergleichbar mit einem Kurzsichtigen, der erstmals eine Brille trägt. Die Welt ist plötzlich schärfer, konturenreicher, farbiger. Doch für das Baby ist diese neue Erfahrung erst einmal störend, weil es die mannigfaltigen Eindrücke nicht verarbeiten kann. Es sehnt sich nach Vertrautem und sucht die Nähe seiner Eltern.

Was Sie während dieser Krisen tun können:

→ Ruhig bleiben und sich nicht über den scheinbaren Rückschritt im Verhalten des Babys aufregen.
→ Das Baby ins Tragetuch packen und herumtragen.
→ Öfter an die Brust anlegen. Häufig will es einfach nur nuckeln, ohne viel zu trinken.
→ Mit dem Baby tanzen.
→ Dem Baby vorsingen.
→ Dem Baby Dinge zeigen und ihm die Welt erklären.
→ Sich mit dem Baby unterhalten.
→ Freuen Sie sich über seine neuen Fähigkeiten, und reagieren Sie mit Spielen und interessantem Spielzeug darauf.

Manche Babys sind in dieser Phase so schwierig, dass sie ihre Eltern in tiefe Ratlosigkeit stürzen. Wir haben die Erfahrung gemacht, dass man besser auf solche Krisen reagieren kann, wenn man
→ ihre Ursachen kennt,
→ weiß, wie sie sich auswirken
→ und sicher ist, dass sie bald vorüber sind.
Sehr profitiert haben wir hier von dem Buch »Oje, ich wachse« von den Psychologen Hetty van de Rijt und Frans X. Plooij (Mosaik bei Goldmann, München 1998).

Schnuller oder Daumen?

Häufig lassen sich Babys beruhigen, wenn man ihnen einen Schnuller zum Saugen gibt. Schnuller waren lange umstritten. In den ersten 18 Monaten ist Nuckeln aber kein Problem– weder am Daumen noch am Schnuller. Befürchtungen, dass hier kieferorthopädische Schäden entstehen könnten, sind unnötig.

Jeder Tag hat zwei Henkel – wir können ihn entweder an dem der Zaghaftigkeit anpacken oder an dem der Zuversicht.
Dwight D. Eisenhower

Säuglinge, der Name sagt es schon, haben ein großes Nuckel- und Saugbedürfnis. Kein Wunder, Saugen ist schließlich eine der wichtigsten Fähigkeiten für sie. Ein ewig populärer Saug-Klassiker ist natürlich der Daumen. Schon im Bauch der Mutter fangen die Föten an, an ihren Daumen zu nuckeln. Er hat unter anderem den großen Vorteil, dass man ihn nicht vergessen kann. Und er hat den Nachteil, dass man ihn nicht wegnehmen kann, wenn sich das Kind das Nuckeln abgewöhnen soll. Am Anfang sind die Säuglinge auch nicht geschickt genug, den Daumen in den Mund zu stecken. Damit das kleine Baby seine Hand zum Saugen findet, kann man es so in ein Tuch einwickeln, dass die Händchen sich in der Nähe des Gesichts befinden.

In der Historie gab es ganz unterschiedliche Methoden, dem Saugbedürfnis des Babys gerecht zu werden. Brotrinde wurde in Stoff eingewickelt und – wenn gar nichts ging – mit Zucker oder Schnaps angereichert. Der Erfolg war zwar kurzfristig groß – das Baby schlief –, aber die moderne Zivilisation hat mit dem Schnuller glücklicherweise hygienischere Hilfsmittel erfunden.

Übrigens ist Schnuller nicht gleich Schnuller. Mittlerweile gibt es eine Vielzahl unterschiedlicher Fabrikate mit unterschiedlichen Formen. Wenn es mit einer Marke nicht klappt, sollten Sie vielleicht noch einige andere ausprobieren. Heutzutage bestehen Schnuller hauptsächlich aus Silikon oder Kautschuk. Silikon hat den Vorteil, dass es völlig ohne Schadstoffe hergestellt werden kann. Bei Kautschuk wurden schon Spuren nachgewiesen, die für das Kind schädlich sein könnten. Silikon-Sauger sollte man allerdings nicht mehr verwenden, wenn das Kind Zähne bekommt. Wenn es ein Stück davon abbeißt, kann es sich daran verschlucken. Ungefähr nach sechs Wochen Gebrauch ist ein Schnuller reif für die Mülltonne. Ab und zu sollten Sie sich durch kräftiges Ziehen davon überzeugen, dass der Nuckel noch fest mit dem Plastikteil verbunden ist.

Tipps:

- → Die Schnullerkette bewahrt davor, das wichtige Teil zu verlegen, und verhindert das Herunterfallen.
- → Wer nicht dauernd auf Schnuller-Suche gehen möchte, sollte gleich mehrere Nuckel kaufen, sie alle paar Tage einsammeln und auskochen. Außerdem hilft es, eine Schnuller-Sammelstelle einzurichten und dort alle aufgefundenen Sauger zu deponieren.

- Man kann sich Arbeit sparen, wenn man die Schnuller einfach im Wasserkocher auskocht.

Es schreit – trotz allem

> *Während des Krankenhausaufenthaltes konnte ich mich nachts nicht um Maren kümmern. Ich wurde nur zum Stillen geholt und ging dann wieder ins Bett. Deshalb war ich wohl etwas verwöhnt, als wir nach Hause kamen. Als sie dann in der zweiten Nacht stundenlang richtig Rabatz machte, wurde ich mit der Zeit so wütend auf sie, dass ich regelrecht vor mir selbst erschrak.* *Christina*

Für Mütter und Väter ist Dauerschreien, selbst wenn es bei ihrem Baby nur selten vorkommt, extrem stressig. Ruhig zu bleiben, ist fast unmöglich. Die am Anfang dieses Kapitels beschriebenen natürlichen Stressreaktionen laufen völlig automatisch ab. Hinzu kommt noch die Übermüdung durch schlechte Nächte. Eltern sind sowieso am Rand ihrer Kräfte – Dauergeschrei gibt ihnen den Rest. Sie fühlen sich regelrecht angeschrieen und absolut hilflos, weil alles, was sie zur Beruhigung versuchen, scheinbar wirkungslos verpufft. Bevor man womöglich ausrastet, sollte man unbedingt etwas unternehmen.

Notfallmaßnahmen bei Dauergebrüll:

- Wenn Sie merken, dass Sie sich bald nicht mehr beherrschen können, nehmen Sie sich eine Auszeit. Es ist besser, das Baby ein paar Minuten schreiend sich selbst zu überlassen, als es beispielsweise zu schütteln oder unsanft hinzulegen.
- Legen Sie das Baby an einen sicheren Ort, zum Beispiel in sein Bettchen oder auf eine Krabbeldecke, und verlassen Sie den Raum – nur für ein paar Minuten.
- Schlagen Sie auf ein Kissen ein, treten Sie gegen die Wand oder rennen Sie einmal ums Haus, um Ihre Wut abzureagieren.
- Setzen Sie sich Kopfhörer auf und hören Sie Ihre Lieblingsmusik so laut, dass sie das Schreien übertönt.
- Wechseln Sie sich in der Betreuung gegenseitig ab, möglicherweise auch mit Verwandten, Freunden oder den eignen Eltern.

Übrigens: Wenn Sie Ihr Kind hochnehmen und herumtragen, empfindet es die Nähe zu Mutter und Vater als Trost, auch wenn es sich nicht beruhigt.

Ist mein Kind ein Schreikind?

Wir können die Kinder nach unserem Sinne nicht formen; so wie Gott sie uns gab, so muss man sie haben und lieben.
Johann Wolfgang von Goethe

Exakte Zahlen liegen nicht vor, aber Schreibabys sind keinesfalls selten – ungefähr jedes fünfte Kind wird zu den Schreikindern gezählt. Sie schreien mehr als drei Tage die Woche bis zu drei Stunden pro Tag scheinbar grundlos. Im Grunde ist es jedoch egal, ob das Kind diesen Wert erreicht. Schwierig wird es, wenn die Eltern nicht mehr damit klar kommen. Oft entwickelt sich dann ein Teufelskreis: Das Adrenalin, dass bei Babygeschrei ausgeschüttet wird, sorgt für Aggressionen bei den Eltern. Sie sind höchst ärgerlich auf ihr Kind. Das Kind wird durch diese Reaktion verunsichert und schreit noch mehr. Bei den Eltern hat dieser Ärger wiederum Schuldgefühle zur Folge, denn eigentlich wollen sie ihr Kind von Herzen lieben und sind überzeugt, dass dieses kleine und hilflose Wesen keine wütenden Reaktionen verdient hat. Gefährlich wird es, wenn Eltern nur noch zwischen Schuldgefühlen und Ärger schwanken: Unter Umständen wird dadurch das Verhältnis zwischen Baby und Eltern dauerhaft gestört.

Man sollte das Problem deshalb unbedingt angehen und nicht auf sich beruhen lassen. Die Ursachen für das Dauergeschrei sind oft nicht eindeutig. Psychologen vermuten häufig seelische Gründe: Die Kinder müssen eine schwierige Schwangerschaft oder ein traumatisches Geburtserlebnis verarbeiten, trauern wegen einer Trennung oder verkraften die Konflikte der Eltern nicht. Aber auch körperliche Ursachen wie Koliken oder ein unausgereiftes Nervensystem kommen in Frage.

Für Eltern von Schreikindern gilt, dass sie vor allem versuchen sollten, selbst einigermaßen bei Kräften zu bleiben – auch wenn es dazu notwendig ist, das Kind einmal schreien zu lassen. Darüber hinaus sollten sie sich möglichst von jeglichem Perfektionismus verabschieden:

- → In erster Linie ist wichtig, dass Sie Erholungsphasen finden. Pflegen Sie sich in den Ruhephasen, nutzen Sie jede Möglichkeit, Schlaf nachzuholen.
- → Machen Sie sich bewusst, dass so ein Schreikind für jedes Elternpaar eine echte Überforderung ist, und geben Sie den Anspruch auf, Sie müssten das alleine hinbekommen.
- → Machen Sie sich keine Vorwürfe, und lassen Sie auch die Vorwürfe von anderen nicht an sich heran.

- → Bleiben Sie nicht alleine mit Ihrem Problem. Suchen Sie jemanden, mit dem Sie darüber sprechen können.
- → Nehmen Sie Kontakt zu Leidensgenossen auf. Wenn Sie bei einer Suchmaschine wie *www.google.de* das Stichwort »Schreibaby« eingeben, werden Sie auf viele Berichte von Eltern stoßen, die ähnliche Schwierigkeiten haben wie Sie.

Kinder müssen mit großen Leuten viel Nachsicht haben.
Antoine de Saint-Exupéry

Mitarbeiter von so genannten Schreiambulanzen berichten, dass Schreibabys häufig total übermüdet wirken. Das Baby schafft es nicht, Wach- und Schlafzustände selbst zu regulieren. Es findet keinen Schlaf, wenn es eigentlich schlafen sollte.

Es ist deshalb wichtig, dass Eltern hier eindeutige Konturen schaffen: Sie sollten sich in den Phasen, in denen das Kind wach und fit ist, mit ihm beschäftigen, mit ihm reden, ihm Dinge zeigen. Andererseits können Sie ihm helfen, in den Schlaf zu finden, wenn es müde ist. Klare Rituale und Strukturen sind dabei hilfreich. Eltern, die sich dafür entscheiden, ihr Kind durch Herumtragen zum Einschlafen zu bringen, sollten das konsequent beibehalten. Das Gleiche gilt für Eltern, die ihr Kind hinlegen und darauf hinarbeiten, dass ihr Baby im Bettchen einschläft (siehe Kapitel 3).

Die gute Nachricht für alle Betroffenen: Es gibt durchaus Hoffnung. Schreiambulanzen haben eine hohe Erfolgsquote bei der Behandlung von Schreibabys. Das Netz in Deutschland ist allerdings noch im Ausbau begriffen. Unter *www.gaimh.de* finden Sie ein Verzeichnis von Kliniken, die eine Schreisprechstunde anbieten.

Kapitel 5

Weniger ist oft besser – Babys Pflege

In diesem Kapitel erfahren Sie ...

- → *wie Sie Babyhaut richtig behandeln*
- → *alles, was Sie über Stoff- und Wegwerfwindeln wissen müssen*
- → *wie das Baden für Ihr Baby zum Vergnügen wird*
- → *was Ihr Kind von Kopf bis Fuß an Pflege benötigt*
- → *dass Sie weit weniger Baby-Ausstattung brauchen, als die Werbung Ihnen weismachen will*

Babyhaut

Die Haut ist das größte Organ des Menschen, das viele wichtige Funktionen übernimmt. Sie reguliert zum Beispiel die Körpertemperatur, Nerven in den obersten Hautschichten nehmen Berührungsreize auf, und der hauteigene Säureschutzmantel verhindert, dass Krankheitserreger in den Körper eindringen.

Durch die Vielzahl von Pflegeprodukten, die im Handel erhältlich sind, wird Eltern suggeriert, Babyhaut brauche unbedingt eine ganz besondere Behandlung. Schaumbäder, Pflegelotionen, Wundpuder und Wettercremes versprechen makellos riechende, streichelzarte Säuglinge. Das Gegenteil ist richtig. Mit all diesen Produkten kann man die Haut allenfalls kaputt pflegen. Durch schäumende Badezusätze wird beispielsweise der natürliche Säureschutzmantel entfernt, rissige und trockene Haut ist die Folge. Daraufhin greift man zur rückfettenden Pflegelotion – mit dem Effekt, dass sich die Haut an die Salbe gewöhnt und sich nicht mehr selbst regulieren kann. Dazu kommt, dass Babyhaut noch sehr dünn ist: Alle Substanzen, die auf die Haut aufgetragen werden, können viel leichter in den Körper gelangen als bei Erwachsenen. Auch das ist ein Grund, auf Pflegepräparate zu verzichten, die oft aus einem Cocktail verschiedenster Chemieprodukte zusammengemischt werden.

→ Gehen Sie also festen Schrittes an Ölbädern, Babyshampoos und Zartcremes vorbei. Ihr Baby braucht das alles nicht.
→ Sinnvoll ist die Anschaffung von naturbelassenem Sonnenblumen-, Jojoba- oder süßem Mandelöl. Das kann man zu fast allen Zwecken einsetzen: als Badezusatz, zur Babymassage, zum Entfernen hartnäckiger Rückstände am Po, zur Pflege von trockenen Hautstellen ...
→ Wenn Sie nicht auf Cremes und Konsorten verzichten wollen, greifen Sie zu hochwertigen Produkten, die aus möglichst wenigen, naturbelassenen Rohstoffen bestehen.

Wickeln: Stoff oder Plastik?

Bei dieser Frage scheiden sich die Geister. Viele Eltern entscheiden sich aus praktischen Gründen für Wegwerfwindeln, andere wählen aus ökologischen und finanziellen Erwägungen ein System mit Stoff.

Kinder sind das einzige, das in einem modernen Haushalt noch von Hand gewaschen wird.
Werner Thielmann

Eine unvoreingenommene wissenschaftliche Studie, die endgültig zeigt, welche Methode ökologisch und wirtschaftlich am besten verträglich ist, steht noch aus. Um die Entscheidung zu erleichtern, haben wir einige Fakten gegenübergestellt.

Wer sich genauer informieren will, kann auf folgender Internetseite nachsehen: *www.naturwindeln.de*

	Stoffwindeln	*Wegwerfwindeln*
Hautverträglichkeit	Manche Babys vertragen nur Stoffwindeln, sehr gute Hautverträglichkeit, gute Luftzirkulation bei den meisten Systemen, Feuchtigkeit bleibt auf der Haut.	Manche Kinder reagieren auf bestimmte Sorten mit Wundsein, Luftzirkulation wird erschwert, Urin wird sofort aufgesaugt, die Haut bleibt trocken.
Kosten	Anschaffungskosten je nach System zwischen 400 und 800 Euro, Energiekosten für Waschen und ggf. Trocknen, laufende Kosten für Vlieseinlagen.	Anschaffungskosten für zweieinhalb Jahre ca. 1100 Euro, eventuell höhere Müllgebühren.
Entsorgung	Das große Geschäft wird häufig mit der Vlieseinlage direkt in die Toilette entsorgt, der Rest muss gewaschen werden.	Windel wird komplett mit Inhalt weggeworfen, kann zu überquellenden Mülleimern führen.
Arbeitsaufwand	Hoher Arbeitsaufwand (waschen, trocknen, zusammenlegen, aufräumen), oft umständliche Wickeltechnik. Windelhöschen aus Wolle müssen aufwendiger gepflegt werden (Handwäsche, Spülen mit Wollpflegemittel).	Geringer Arbeitsaufwand, eventuell häufigeres Einkaufen (meist entdeckt man erst am Samstagnachmittag, dass die Windeln ausgehen), regelmäßige Gänge zum Mülleimer, einfache Wickeltechnik.

	Stoffwindeln	Wegwerfwindeln
Ökobilanz	Hoher Energieverbrauch beim Waschen und Trocknen, Umweltbelastung durch Waschmittel. Eltern können die Umweltbilanz beeinflussen (z. B. Aufhängen statt in den Trockner geben, Öko-Waschmittel verwenden ...)	Energie- und Wasserverbrauch bei der Herstellung, erhöhte Müllproduktion, Eltern können die Umweltbilanz nicht beeinflussen (Öko-Windeln sind dabei nicht besser als normale Wegwerfwindeln).
Unterwegs	Nehmen mehr Stauraum in Anspruch, volle Windeln müssen verpackt und mittransportiert werden, im Urlaub braucht man Zugang zu einer Waschmaschine.	Platzsparend, volle Windeln können weggeworfen werden
Wie fühlt sich das Baby?	Naturprodukte fühlen sich allgemein angenehmer an, mit der Zeit wird der Popo nass, v.a. nachts kann die Windel auslaufen, dickeres Windelpaket kann Bewegungsmöglichkeiten einschränken.	Luftdichte Plastikverpackung ist eventuell nicht so angenehm, Po bleibt trocken, schlankeres Windelpaket gibt mehr Bewegungsfreiheit.
Sonstiges	Breitwickeleffekt fördert die Hüftentwicklung, »Stoffbabys« werden häufig früher trocken, Anschaffung macht sich schon beim zweiten Kind bezahlt.	

Außerdem gibt es noch die Möglichkeit, einen Windelservice in Anspruch zu nehmen, der die schmutzigen Windeln mitnimmt und dafür saubere bringt. Dann hat man außer dem Wickeln gar keine Arbeit mehr mit dem »Geschäft«. Das Ganze ist allerdings auch nicht ganz billig. Informationen findet man in den Gelben Seiten und im Internet unter *www.baby-baer.de*.

Wunder Popo

Als Maren fünf Monate alt war, hatte sie ständig einen wunden Po. Es war so schlimm, dass wir sie stundenweise mit einer lendenschurzartigen Konstruktion aus einem Strick und einer Mullwindel strampeln ließen, damit Luft an die gereizte Haut kam und unser Teppichboden trotzdem einigermaßen sauber blieb. Maren hat es aber trotzdem geschafft, den Teppich mit Flecken zu überziehen.
Christina

Es gibt kaum ein Baby, das die Wickelzeit ganz ohne Wundsein übersteht. Kein Wunder: Sämtliche Ausscheidungen enthalten Substanzen, die die Haut mit der Zeit angreifen. Die beste Vorbeugung gegen Hautrötungen ist deshalb regelmäßiges Wickeln. Wenn der Po dennoch irgendwann wund ist, sollte man der Haut erst einmal helfen, sich selbst zu helfen, bevor man zur Cremetube greift:

- → Möglichst oft Luft an die Windelzone lassen, indem man den kleinen Schatz mit nacktem Po strampeln lässt.
- → Babys Po unter fließendem Wasser abspülen, anstatt die empfindliche Haut mit dem Waschlappen zu traktieren. Oder mit einer Sprühflasche nass spritzen und vorsichtig trocken tupfen.
- → Bei hartnäckigen Verschmutzungen mit Öl arbeiten – am besten eignet sich ein reines Öl wie Oliven- oder Sonnenblumenöl.
- → Den Po nach dem Waschen kurz aus größerem Abstand (30 cm) föhnen. Jungs dabei unbedingt auf den Bauch legen. Wenn der kleine Mann in Rückenlage bei laufendem Föhn richtig lospinkelt, könnte ein Stromunfall passieren.
- → Ein paar Tropfen Muttermilch auf die entzündeten Stellen geben und antrocknen lassen.
- → Manchmal hilft auch ein Wechsel der Windelmarke oder das Umsteigen auf Stoffwindeln.
- → Puder empfiehlt heutzutage kein Mensch mehr. Es bildet in den Hautfalten kleine Klümpchen, die bei jeder Bewegung reiben und die Haut zusätzlich reizen.
- → Feuchttücher sind insbesondere bei gereizter Haut nicht zu empfehlen; sie enthalten viele verschiedene chemische Substanzen, die dem Heilungsprozess nicht gut tun.

Wenn nach ein paar Tagen keine Besserung eintritt oder sich ein hochroter Ausschlag bildet, könnte es sich um eine Pilzinfektion handeln. Dann sollte man das Baby einem Arzt zeigen.

Täglich Katzenwäsche und einmal in der Woche Badetag

Mit Kindern vergehen die Jahre wie im Flug. Doch Augenblicke werden zu Ewigkeiten.
Jochen Mariss

Ein Säugling muss nicht jeden Tag in die Wanne gesteckt werden. Erstens wird er ja nicht so richtig schmutzig, und zweitens schadet es der Haut mehr, als es nützt. Einmal in der Woche reicht völlig aus. Auch auf Badezusätze kann man getrost verzichten. Je weniger chemische Substanzen an Babys Haut kommen, umso besser. Es genügt, das Baby in der Badewanne mit dem Waschlappen oder der Hand von Kopf bis Fuß abzuwaschen. Solange der Nachwuchs nur spärlich Haare aufweisen kann, ist auch Shampoo überflüssig. Viele Hebammen empfehlen, zwecks Rückfettung einen Schuss Sahne oder Milch und etwas Öl ins Badewasser zu geben.

Den weit verbreiteten Ratschlag, am Anfang nur fünf bis zehn Zentimeter Wasser in die Badewanne einzulassen, halten wir für schlichtweg unsinnig. Würden Sie sich in einer Badewanne wohl fühlen, in der gerade einmal der Boden mit Wasser bedeckt ist? Wasser ist Ihrem Baby aus seinem Vorleben durchaus sehr vertraut. Die allermeisten von ihnen können sich bei einem Vollbad gut entspannen. Wie man das Baby beim Baden am sichersten festhält, kann man sich im Krankenhaus oder von der Nachsorgehebamme zeigen lassen.

Tipps für ein gelungenes Badeerlebnis:

- → Richtiger Zeitpunkt: Es ist eigentlich egal, zu welcher Tageszeit das Baby gebadet wird. Viele Eltern entscheiden sich für den Abend, weil sie da zu zweit sind und viele Säuglinge nach dem Bad gut schlafen. Wichtig ist allerdings, das Kleine nicht direkt nach einer vollen Mahlzeit in die Wanne zu legen, weil das dem Verdauungsapparat nicht bekommt. Auch mit Hunger im Bauch lässt es sich nicht gut planschen.
- → Wohlfühltemperatur: Das Badezimmer sollte ungefähr 24° C warm sein, das Badewasser 36°–37° C.

- Alles fest im Griff: Halten Sie das Baby so fest, dass es sich sicher fühlt. Auf keinen Fall sollten Sie es plötzlich loslassen oder sich ruckartig bewegen. Am besten greift man unter dem Rücken des Babys durch und hält es fest, indem man das Ärmchen am Schultergelenk mit der Hand umschließt.
- Handtuch vorwärmen: Den Übergang von der warmen Wanne an die kalte Luft findet wohl niemand besonders angenehm. Ins Handtuch eingekuschelt ist der Temperatursturz schnell wieder vergessen.

Für die tägliche Katzenwäsche braucht man lediglich einen feuchten Waschlappen, mit dem zuerst Gesicht und Hände, dann die Hautfalten um den Hals, unter den Armen und an den Beinen vorsichtig abgewaschen werden. Der Windelbereich wird ja sowieso bei jedem großen Geschäft einer Reinigung unterzogen. Wenn es im Bad angenehm warm ist, darf das Baby sich noch »trocken strampeln«.

Wie viel Creme braucht das Kind?

Auch hier lautet das Motto: Weniger ist mehr. Zu viel Creme behindert die Haut in ihrer Funktion, denn normalerweise kommt sie prima allein zurecht. Nötig ist der Einsatz von Babycreme oder -öl nur in ganz bestimmten Situationen:

- Nach dem Baden, um die verloren gegangene Feuchtigkeit zu ersetzen. Dazu eignet sich hervorragend ein naturbelassenes Öl, z. B. Mandelöl. Am besten verbindet man das Eincremen mit einer ausgedehnten Massage.
- Vor einem Spaziergang bei Temperaturen unter 0° C sollte man das Gesicht und eventuell die Händchen mit einer fetthaltigen Creme einschmieren.
- Zum Schutz vor Sonnenbrand eine Sonnencreme mit möglichst hohem Lichtschutzfaktor verwenden.
- Gerötete, trockene oder schuppende Hautstellen sollten regelmäßig mit einer fetthaltigen Creme oder mit Öl behandelt werden.

Was man sonst noch alles pflegen kann

Nabel: Nach der Entbindung wird der Nabelschnurrest abgeklemmt. Es dauert ungefähr ein bis zwei Wochen, bis sich die Nabelschnur löst. In dieser Zeit verwendet man ein bis zwei Mal am Tag ein Wattestäbchen, um den Nabel mit Kochsalzlösung zu säubern. Eventuell wird er leicht eingepudert. Normalerweise übernimmt die Nachsorgehebamme diese Behandlung.

Ohren: Auch die Ohren reinigen sich selbst. Das Ohrenschmalz wirkt antiseptisch und sollte allenfalls aus der Ohrmuschel entfernt werden. Auf keinen Fall darf man mit Wattestäbchen im Gehörgang herumpulen!

Nägel: In den ersten Wochen brechen die Nägel normalerweise von allein ab und brauchen nicht geschnitten zu werden. Später kann man sie mit einer speziellen Babynagelschere, deren Spitzen abgerundet sind, gerade schneiden. Am einfachsten geht das, wenn das Baby schläft.

Haare: Falls sie überhaupt vorhanden sind, kann man sie täglich mit einer weichen Bürste kämmen. Das tut auch der Kopfhaut gut. Shampoo sollte erst bei vollerem Haupthaar eingesetzt werden.

Zähne: Wenn die ersten Zähnchen auftauchen, müssen sie noch nicht gleich mit Zahncreme und Bürste bearbeitet werden. Bis zum zweiten Lebensjahr reicht es aus, sie einmal am Tag mit einer speziellen Babyzahnbürste, einem feuchten Wattestäbchen oder einem Stück Mull abzuwischen. Damit die Zähne gesund bleiben, ist vor allem darauf zu achten, dass das Kind nicht an der Milch- oder Saftflasche dauernuckelt. Greifen Sie lieber zu ungesüßtem Tee oder abgekochtem Wasser, wenn das Krabbelkind Durst anmeldet.

Ausstattung: Was ist sinnvoll?

Babys sind ein beachtlicher Wirtschaftsfaktor, und ihre Eltern werden von allen Seiten umworben. Es muss wohl am Brutpflegeinstinkt liegen, dass Eltern für Werbebotschaften, in denen süße Babys glücklich ihre Eltern anstrahlen, so empfänglich sind. Motto: »So zufrieden soll unser Baby auch sein!« Häufig werden auf diese Weise bei den Eltern Bedürfnisse geweckt, die das Kind gar nicht hat. Insbesondere schwangere Frauen sind oft gerne bereit, viel Geld für die Ausstattung des Nachwuchses über den Ladentisch zu reichen.

Ich konnte mich während der zweiten Schwangerschaft nur mit Mühe davon abhalten, diese niedlichen, bedruckten Spuckwindeln zu kaufen, obwohl sich mindestens zwanzig gut erhaltene, wenn auch nur langweilig weiße Exemplare im Schrank stapelten. Irgendwie hatte ich das Gefühl, dass ich nur dann eine liebevolle und fortschrittliche Mutter sei, wenn mein Kind bedruckte Windeln bespuckte. *Christina*

Empfehlenswert

Viele Utensilien muss man sich nicht extra kaufen, da man sie ohnehin schon im Haus hat, beispielsweise eine kleine Plastikschüssel für die Katzenwäsche oder Handtücher zum Abtrocknen nach dem Bad. Aber es gibt natürlich auch manches, was sich durchaus anzuschaffen lohnt. Hier ist unsere Liste:

Stillkissen: Eine sinnvolle Anschaffung. Schon während der Schwangerschaft kann man es nutzen, um sich trotz beträchtlichen Bauchumfangs einigermaßen bequem zu lagern. Nach der Geburt lässt sich das Stillen für Mutter und Kind deutlich angenehmer gestalten, und auch später finden sich viele Anwendungsmöglichkeiten.

Kleidung: Kaufen Sie nicht zu viele Bodys und Strampelanzüge in kleinen Größen. Babys wachsen *wirklich* schnell. In vielen Städten werden Babyflohmärkte organisiert. Dort kann man günstig gebrauchte Kleidung und Ausstattung erstehen. Am sparsamsten ist es allerdings, sich unter Freunden oder Verwandten gegenseitig Babysachen auszuleihen.

Molton, Mull und Co: Mittlerweile glaube ich, dass man auf die ganze Armada von zusätzlicher Babywäsche gut und gerne verzichten kann. Heute würde ich lediglich zwei Moltontücher und fünf Mullwindeln anschaffen und ein paar schöne, zusätzliche Handtücher in unterschiedlichen Größen kaufen. Die eignen sich ebenfalls als Bettunterlage (gegen Durchnässen), Spucktuch und Wickelauflage. Man kann sie auch nach der Babyphase noch einsetzen, und sie nehmen keinen kostbaren Stauraum im Schrank weg.

Spielzeug: Im ersten Lebensjahr braucht das Baby noch nicht viel davon, und sei es laut Beschreibung auch noch so gut für die Entwicklung. Unsere Töchter ließen das teure Spielzeug fröhlich in der Ecke liegen und beschäftigten sich am liebsten mit den Gegenständen, mit denen Mama oder Papa auch hantieren – Küchengeräte, Taschentuchpäckchen und der Schlüsselbund waren besonders beliebt. Alles, was ungefährlich und einigermaßen sauber ist, eignet sich zum Erkunden. Für die ganz Kleinen können wir empfehlen, ein Mobile an strategisch günstiger Stelle aufzuhängen (z. B. über dem Wickeltisch) – für Lena war es fast wie Fernsehen, wenn wir das Mobile in Schwung setzten. Auch ein *Babytrainer* leistet anfangs gute Dienste und macht es deutlich interessanter, auf der Strampeldecke zu liegen.

Schlafen: Wiege und Stubenwagen sind zwar nett anzusehen und können auch praktisch sein, weil man sie von einem Ort zum anderen schieben kann. Sich extra so eine Schlafstatt zuzulegen, ist aber unnötig – lieber von Freunden oder Verwandten ausleihen. Das Baby passt nur wenige Monate hinein und braucht dann sowieso ein Gitterbettchen. Also kann man es sich auch gleich kaufen. Damit sich das Kleine darin in den ersten Wochen nicht so verloren fühlt, eignet sich das Stillkissen als Umpolsterung.

Wer ein Kind heute glücklich macht, der sorgt dafür, dass es durch die Erinnerung daran auch in zwanzig Jahren noch glücklich ist.
Kate Douglas Wiggin

Autofahren: Eine Babyschale ist unverzichtbar, wenn Sie mit dem Baby mobil sein wollen. Allerdings ist es für den Rücken kleiner Babys nicht gut, sich lange darin aufzuhalten. Wer häufig länger unterwegs ist, sollte sich im Fachhandel beraten lassen. Es gibt auch Systeme, mit denen man die Tragetasche des Kinderwagens sicher im Auto befestigen kann.

Kinderwagen: Auch hier lohnt sich eine gute Beratung im Fachgeschäft. Schließlich begleitet Sie dieses Gefährt unter Umständen mehrere Jahre lang. Probieren Sie bei kleineren Kofferräumen unbedingt aus, ob der gewünschte Kinderwagen auch hineinpasst. Sonst müssen Sie sich eventuell auch noch ein neues Auto zulegen ...

Tragetuch: Diese Anschaffung lohnt sich unserer Meinung nach unbedingt. Die Bindetechnik ist zwar nicht ganz leicht zu erlernen, aber mit etwas Übung kein Problem. Tragetücher gibt es in unterschiedlichen Ausführungen. Die meisten Einsatzmöglichkeiten bieten ganz lange Tücher. Der große Vorteil: Man kann das Baby tragen und hat trotzdem die Hände frei für Staubsauger, Kochlöffel, ältere Geschwister, das Telefon oder die Tastatur. Außerdem kann man damit auch gut einkaufen (es sei denn, man will Kleider anprobieren) und Wege gehen, die für Kinderwagen ungeeignet sind. Orthopädisch sind Tragetücher unbedenklich, und viele Babys lieben es, auf diese Weise eingepackt zu werden. Im Gegensatz zu anderen Tragegestellen kann das Tragetuch vom ersten Lebenstag an benutzt werden. Es wächst quasi mit: Für jedes Lebensalter gibt es andere Bindetechniken.

Wickelgelegenheit: Man braucht zwar nicht unbedingt eine teure Wickelkommode, aber ein fester Ort zum Wickeln ist schon sinnvoll. Sehr praktisch ist es, wenn man im Bad wickeln kann – dann hat man es nicht so weit zur Wasserquelle, und es erleichtert das Baden ungemein. Außerdem sollte der Raum, in dem gewickelt wird, einigermaßen warm sein, und da Bäder meist kleiner sind als das Kinderzimmer, kann man hier prima Energie sparen.

Ein Platz bei der Mama: Die meisten Babys sind nicht gern alleine. Sie sind ja aus ihrem Vorleben in Mutters Bauch enge Gemeinschaft gewohnt. Es ist deshalb sinnvoll, einen Ort für das Baby einzurichten, an dem es bequem liegen kann und das Gefühl hat, dabei zu sein. Dazu muss man keine teure Krabbeldecke kaufen, ein ausgedienter Schlafsack ö. ä. erfüllt diesen Zweck auch. Wir haben die Erfahrung gemacht, dass unsere Töchter mit zunehmender Wachheit nicht gerne flach auf dem Rücken liegen wollten – da sieht man ja schließlich auch nichts. Ein Stillkissen stützt das Baby so ab, dass es halb aufrecht sitzen kann. Längere Aufenthalte im Babyautositz oder in einer Wippe sind aus orthopädischer Sicht nicht zu empfehlen.

Überflüssig

Es gibt jede Menge Babyartikel, die nicht unbedingt notwendig sind. Wir erwähnen nur, was viel Geld oder Mühe kostet oder aber schädlich für das Baby sein könnte.

Komplett eingerichtetes Kinderzimmer: Es macht natürlich Spaß, ein Babyzimmer einzurichten, aber im ersten Lebensjahr wird man lange darauf warten müssen, dass sich das Kind alleine darin aufhält – vom Schlafen einmal abgesehen. Ein Schrank ist für den Anfang auch überflüssig, in der Regel passt die Kleidung gut in eine Kommode. Man sollte darauf achten, dass die Einrichtung nicht allzu babyhaft gestaltet ausfällt und auch einem Schulkind noch gefällt.

Lauftrainer: Dabei handelt es sich um ein Plastikgestell mit Rädern, mit dessen Hilfe das Baby sich vorzeitig aufrecht fortbewegen kann. Der Name ist allerdings schlichtweg falsch – denn Laufen lernt kein Kind mit diesem Gerät. Eher behindert der »Lauftrainer« die Entwicklung, denn das Krabbeln, Robben und Kriechen des Babys dient der Kräftigung der Rumpfmuskulatur, die den Körper beim Gehen stützen soll. Außerdem kann das Gerät dazu beitragen, dass sich das Kind angewöhnt, auf den Zehen zu gehen. Ebenso wenig geeignet sind »Hopser«, die im Türrahmen befestigt werden.

Mit einer Kindheit voll Liebe kann man ein halbes Leben hindurch für die kalte Welt haushalten.
Jean Paul

Babywaage: Auf manchen Entbindungsstationen ist es auch heute noch üblich, das Baby vor und nach jeder Mahlzeit zu wiegen, um festzustellen, ob es auch genug Milch abbekommen hat. Das ist erstens überflüssig, und zweitens kann es die Mutter so verunsichern, dass Stillprobleme auftreten. Ganz abgesehen davon, dass die meisten Säuglinge sich auf der kalten und wackeligen Waagschale enorm unwohl fühlen. In den ersten zehn Lebenstagen sollte das Baby von der Hebamme ungefähr zwei bis drei Mal gewogen werden, bis zum sechsten Monat eigentlich alle ein bis zwei Wochen. Dazu reicht es aber, wenn Sie sich erst mit, dann ohne Baby auf die Personenwaage stellen und so das Gewicht ermitteln. Dabei kommt es auf hundert Gramm mehr oder weniger nicht an.

Kapitel 6

Für kleine Genießer: Ernährung

In diesem Kapitel erfahren Sie …

- ***dass Stillen Ihrem Baby genau das gibt, was es braucht***
- ***wie das Stillen auch bei Ihnen klappt***
- ***was Ihnen bei Stillproblemen weiterhilft***
- ***was Sie beachten müssen, wenn Sie Ihr Baby mit dem Fläschchen füttern***
- ***ab wann und was Sie zufüttern sollten***

Einfach praktisch: Stillen

Dem Baby die Brust zu geben, ist mit Sicherheit die unkomplizierteste Art, einen Säugling zu ernähren. Die Vorteile liegen auf der Hand:

- → Muttermilch hat die optimale Zusammensetzung – sie enthält neben allen Stoffen, die für das Wachstum des Babys notwendig sind, auch Immunstoffe, die ihm helfen, mit Krankheitserregern schneller fertig zu werden.
- → Muttermilch hat immer exakt die richtige Trinktemperatur und ist keimfrei.
- → Man kann ohne Aufwand überall stillen.
- → Kinder, die als Babys gestillt wurden, sind weniger anfällig für Allergien.
- → Stillen ist für Babys eine höchst angenehme Art der Nahrungsaufnahme. Es stiftet eine besondere Nähe zwischen Mutter und Kind.
- → Babynahrung ist teuer, Sie sparen also jede Menge Geld.
- → Entgegen anders lautenden Vorurteilen schadet Stillen der Figur nicht. Im Gegenteil: Stillende Mütter verbrauchen pro Tag ungefähr 550 Kalorien zusätzlich.
- → Das Baby kann mit Muttermilch kaum überfüttert werden. Es gibt Studien, die darauf hinweisen, dass gestillte Kinder auch später nicht zu Übergewicht neigen.

Meine Mutter hatte einen Haufen Ärger mit mir, aber ich glaube, sie hat es genossen.
Mark Twain

Auch wenn es sich manchmal so anhört, ist Stillen keine besonders komplizierte Sache – sonst wäre die Menschheit wahrscheinlich schon lange ausgestorben. Der Schöpfer hat das alles ziemlich genial eingerichtet. Babys kommen bereits mit einem Saug- und Schluckreflex zur Welt. Man braucht es ihnen nicht mehr beizubringen. Ein sanftes Streicheln über die der Brust zugewandten Backe genügt, um den Suchreflex auszulösen. Das Kind wendet sich der Brust zu und beginnt mit Saugbewegungen. Jetzt legt man die Brustwarze in den Mund des Babys, und es kann schon losgehen. Selbst wenn die Mutter das Baby nicht aktiv unterstützt, findet es die Brustwarze. Die ist nämlich wärmer als der Restbusen und kann so vom Baby »identifiziert« und angesaugt werden.

Bis zum ersten Milcheinschuss steht der Brust die so genannte Vormilch oder auch Kolostrum zur Verfügung. Sie besteht aus Wasser, Mineralien und Eiweiß und reicht zur Erstversorgung des Säuglings vollkommen aus. Vor allem enthält sie sehr viele Immunstoffe, die dem Baby einen gewissen Schutz vor Erkrankungen bieten. Indem das Baby diese Vormilch trinkt, regt es die Milchproduktion an. Nach ungefähr 2 bis 5 Tagen kommt es zum Milcheinschuss. Das kann etwas unangenehm sein, die Brust fühlt sich eventuell prall und heiß an und ist empfindlich. Für zwei bis drei Wochen fließt dann die so genannte Übergangsmilch. Sie unterscheidet sich von der reifen Muttermilch durch einen anderen Fett-, Eiweiß- und Mineralstoffgehalt. Während der Stillzeit passt sich die Brust den veränderten Bedürfnissen des Säuglings an und verändert die Zusammensetzung der Milch. Sogar innerhalb einer Mahlzeit ist Muttermilch nicht gleich Muttermilch: Die ersten Schlucke sind durstlöschend, nach einigem Saugen gibt die Brust die so genannte Hintermilch frei, die fetthaltiger und damit nahrhafter ist.

Grundregeln des Stillens

Auch wenn oder gerade weil Stillen die natürlichste Sache der Welt ist, klappt es nicht immer auf Anhieb.

Unsere Tochter Maren hat sich kurz nach der Geburt einen Magen-Darm-Virus zugezogen. Mit tatkräftiger Unterstützung der Krankenschwestern haben wir regelmäßig versucht, sie anzulegen, aber nach einigen Tagen hat sie sich regelrecht dagegen gewehrt. Da sie Infusionen bekam, hatte sie wahrscheinlich auch keinen großen Hunger. Natürlich nahm sie am Anfang wie alle Neugeborenen einige Gramm ab. Als der Kinderarzt die Entlassung davon abhängig machte, dass »das mit dem Stillen klappt und sie ihr Geburtsgewicht wieder erreicht«, ging bei mir überhaupt nichts mehr. Die Aussicht, noch länger im Krankenhaus bleiben zu müssen, ließ jede Milchproduktion versiegen. Ich habe dann darauf gedrängt, dass Maren und ich entlassen werden – notfalls wollte ich ihr eben die Flasche geben. Zu Hause klappte es dann aber auf Anhieb mit dem Saugen an der Brust, und Maren wurde in kürzester Zeit vom Kostverächter zum Muttermilchfan. *Christina*

In den 70er Jahren waren stillende Mütter die absolute Ausnahme. Man sprach von DDT und anderen Giften in der Muttermilch und misstraute der Fähigkeit von Frauen, ausreichend Milch zur Verfügung zu stellen. Wenn heutige Babymütter ihre Mütter fragen, warum sie nicht gestillt wurden, bekommen sie häufig zur Antwort: »Ich hatte nicht genug Milch.« Heutzutage weiß man, dass gesunde Mütter grundsätzlich in der Lage sind, genügend Milch zu produzieren. Es gibt einige einfache »Spielregeln« für das Stillen, die in den 70er Jahren konsequent missachtet wurden. Kein Wunder, dass das Stillen bei vielen nicht funktioniert hat.

- Die Nachfrage bestimmt das Angebot. Je mehr das Kind anfordert, d. h. je öfter und je stärker es saugt, umso mehr Milch wird von der Mutter produziert.
- Das Kind sollte möglichst unmittelbar nach der Entbindung angelegt werden. Der Saugreflex ist in den ersten Stunden nach der Geburt am stärksten. Positiver Nebeneffekt: die Nachgeburt und die Rückbildung der Gebärmutter werden unterstützt.
- Hinsichtlich der Häufigkeit und der Dauer des Stillens gibt es unterschiedliche Meinungen. Konsensfähig ist ein Mindestabstand von zwei Stunden und eine Trinkzeit von 30 min – länger braucht das Baby in der Regel nicht, um sich den Bauch voll zu schlagen.
- Das so genannte Rooming-In (Baby und Mutter im gleichen Zimmer) während des Klinikaufenthalts wirkt sich sehr positiv aus. Stillen ist auch eine Sache des Kopfes. Wenn Mutter und Baby sich nicht zu Gesicht bekommen, fehlen dem Gehirn wichtige Signale, die die Milchbildung unterstützen.
- Es ist normal, dass das Baby in der ersten Woche nach der Geburt erst einmal Gewicht verliert. Lassen Sie nicht zu, dass deswegen künstliche Milch zugefüttert wird. Manche Babys verwirrt der Wechsel von der Brust zur Flasche und wieder zurück so sehr, dass sie die Brustwarze nicht mehr akzeptieren.
- Auch bei Frühgeburten oder nach einem Kaiserschnitt ist Stillen möglich. Viele Krankenhäuser bieten in solchen Fällen eine besondere Betreuung an.
- Sorgen Sie schon vor der Geburt für Entlastung im Haushalt während der ersten zwei bis drei Wochen zu Hause. Ideal ist es, wenn der Vater Urlaub nehmen kann oder die Großeltern zu Besuch kommen. Ziehen Sie sich aus dem Alltagsleben zurück, wenn es Ihnen zu viel wird.

Das Schönste, was eine Fee einem Kind in die Wiege legen kann, sind Schwierigkeiten, die es überwinden muss.
Alfred Adler

Die Stillfeindlichkeit der 70er ist zum Glück Vergangenheit – allerdings leiden manche Mütter heute unter dem Gegenteil. Sie haben ein schlechtes Gewissen und fühlen sich minderwertig, wenn ihr Kind via Kaiserschnitt zur Welt kommt und keine natürliche Geburt erleben durfte. Und weil sie unter allen Umständen stillen wollen, verkrampfen sie. Leistungsdruck, Stress und Aufregung sind aber die natürlichen Feinde des Stillens.

Doch wie gesagt: Eigentlich ist Stillen keine wahnsinnig komplizierte Sache. Viele Krankenhäuser bieten heute auch sehr viel Unterstützung für stillwillige Mütter. Sollte es im Krankenhaus trotz allem mit dem Stillen nicht klappen – für manche Mütter ist die Betriebsamkeit einer Klinik Gift -, können auch die Hebamme, die zur Nachsorge kommt, oder eine Freundin, die selbst schon gestillt hat, wertvolle Hilfestellung leisten.

Ein Wort an die Väter

Sie können zwar nicht selbst stillen, aber Ihre Unterstützung ist enorm wichtig, damit das Stillen gelingt. Dabei zählen schon die kleinen Gesten zwischendurch sehr viel.

- → Sorgen Sie für eine bequeme Stillposition Ihrer Frau: Legen Sie das Stillkissen zurecht, schieben Sie den Schemel unter die Füße, stützen Sie ihren Rücken mit Kissen ab.
- → Bringen Sie ihr etwas zu trinken.
- → Nehmen Sie ihr das Baby zum Aufstoßen ab.
- → Wickeln Sie den kleinen Wurm nach der Nahrungsaufnahme.
- → Setzen Sie sich während der Stillphasen zu Ihrer Familie und unterhalten Sie sich mit Ihrer Frau. Stillen kann ganz schön langweilig sein.
- → Bewundern Sie die Gewichtszunahme des Babys und die sich bildenden Speckfalten laut.

Baby isst mit!

Manche Wissenschafter bezweifeln, dass es einen Zusammenhang zwischen der Ernährung einer stillenden Frau und dem Wohlbefinden ihres Babys gibt – aber jede Mutter wird dem wohl entschieden widersprechen.

Bei Lena gibt es einige ganz eindeutige, von uns wiederholt festgestellte Ursache-Wirkung-Beziehungen. Wenn ich Mandarinen esse, hat sie einen halben Tag später einen wunden Popo. Gibt es zum Mittagessen Sauerkraut, pupst sie den ganzen Abend. Christina

So lange das Baby unter solchen »Nebenwirkungen« nicht erkennbar leidet, muss die Mutter nicht unbedingt auf die Zwiebelsuppe mit Knoblauchbrot verzichten. Wichtig ist, dass Sie sich ausgewogen ernähren. Ihr Körper wird immer zugunsten des neuen Lebens handeln, sodass bei einem Mangel Ihr Körper unterversorgt wird. Deshalb sollten Sie während der Stillzeit besonders auf ausgewogene Ernährung achten und ausreichend trinken. Gesunde, schnelle Rezepte finden Sie am Ende des Buches.

Bei einer Medikamenteneinnahme sollten Sie auf jeden Fall vorher den Beipackzettel studieren. Manche Arzneimittel gehen in die Muttermilch über und können dem Baby schaden. Im Zweifelsfall befragen Sie den Arzt. Allerdings muss nur in den seltensten Fällen wegen einer Erkrankung der Mutter und der dadurch erforderlichen Medikamente abgestillt werden. Für die meisten Fälle gibt es Präparate, die auch für Stillende geeignet sind.

In der Wahl seiner Eltern kann man nicht vorsichtig genug sein.
Paul Watzlawick

Gedeiht das Kind?

Babys entwickeln sich individuell und halten sich nicht an Normkurven und Wachstumsraten. Besonders bei Stillkindern ist es wichtig, dass die Mutter den natürlichen Prozessen, die sich zwischen ihr und ihrem Säugling abspielen, vertraut. Während man beim Füttern mit der Flasche genau sehen kann, wie viel das Baby trinkt, hat eine Stillende eben keine Kontrolle darüber, wie viel die Brust hergegeben hat. Ganz ohne Waage geht es allerdings nicht. In den ersten Lebenswochen sollte das Baby einmal pro Woche gewogen werden, später reicht es, wenn alle paar Wochen das Gewicht kontrolliert wird.

Das sind Anhaltspunkte für ein gedeihendes Kind:

- ➜ Es ist aktiv und interessiert an der Umgebung.
- ➜ Es macht täglich 5 bis 6 Mal die Windel nass. (Bei zusätzlicher Fütterung von Tee gilt dieses Kriterium allerdings nur eingeschränkt, dann muss entsprechend mehr Nässe in der Windel sein).

- Es nimmt pro Woche ungefähr 150–200 Gramm an Gewicht zu, wobei das Wachstum in der Regel nicht gleichmäßig, sondern in Schüben verläuft.

Wenn Sie sich über die Entwicklung des Babys Sorgen machen, sind die regelmäßigen Vorsorgeuntersuchungen beim Kinderarzt gute Möglichkeiten, mit einem Experten darüber zu sprechen.

Stillkrisen und Wachstumsschübe

Nur etwas mehr als 30 Prozent der Frauen stillen über den dritten Monat hinaus voll – ein Hinweis darauf, dass die Stillbeziehung nicht nur harmonisch verläuft. Das Bild von der glücklichen Mutter, die mit einem seligen Lächeln im Gesicht im Schaukelstuhl sitzt und ihr Baby nährt, trifft längst nicht immer zu. Stillen ist eine Form von körperlicher Schwerstarbeit – und das über viele Wochen rund um die Uhr. Da können durchaus auch Ermüdungserscheinungen und Krisen auftreten.

Ich habe unsere erste Tochter nach einigen Anfangsschwierigkeiten mit voller Überzeugung gestillt und war immer ganz gerührt, wenn das kleine Würmchen vom Saugen erschöpft und total entspannt in meinem Arm lag. Und bei unserer zweiten Tochter ist es jetzt genauso. Als sich die ersten Speckröllchen an den Beinen zeigten, hätte ich am liebsten T-Shirts mit der Aufschrift: »Muttermilch formte diesen wunderschönen Körper« drucken lassen – aber mit der Zeit empfinde ich das Abhängigkeitsverhältnis als ganz schön anstrengend und hätte meinen Körper auch gerne wieder für mich allein.

Christina

Neben dem Gefühl, völlig vereinnahmt zu werden und angebunden zu sein, können auch körperliche Beschwerden wie Rücken- und Nackenschmerzen, wunde Brustwarzen oder Brustentzündungen das Stillen verleiden. Dem kann man aber in vielen Fällen vorbeugen:

- Damit Ihr Rücken die Beanspruchung ohne Probleme mitmacht, müssen Sie auf eine gute Haltung beim Stillen achten. Immerhin verbringen Sie ungefähr drei Stunden am Tag mit dieser Tätigkeit. Machen Sie es sich mit Hilfe von Kissen so bequem wie möglich.

Ein Stillkissen kann hier eine große Hilfe sein. Sie sollten möglichst aufrecht sitzen und sich nicht zum Baby hinunterbeugen müssen. Wechseln Sie die Stillpositionen – mal im Sitzen, mal im Liegen.

- → Achten Sie darauf, dass das Baby möglichst viel vom Hof der Brustwarze im Mund hat. Das vermindert die Gefahr von Reizungen.
- → Die Brustwarzen sind empfindlich. Ziehen Sie deshalb das Kind nach dem Stillen nicht einfach weg, sondern drücken Sie leicht auf das Kinn des Säuglings, damit sich der Mund etwas öffnet und Ihre Brustwarze freigegeben wird, oder warten Sie ab, bis das Baby von alleine loslässt.
- → Es sollten wechselweise immer beide Brüste leergetrunken werden. Deshalb beginnt man immer mit der Brust, an der die letzte Mahlzeit beendet worden ist. Normalerweise kann man fühlen, welche Brust voller ist. Manche Frauen markieren sich auch die Brust, die zuletzt »dran« war.
- → Wenn Sie die Stillkrise packt, nehmen Sie sich eine Auszeit. Oft reicht es schon, das Kind für zwei Stunden abzugeben und etwas alleine zu unternehmen oder sich ungestört ins Bett zu legen. Es kann auch helfen, einmal eine Mahlzeit abzupumpen, um dadurch ein Stück Unabhängigkeit zu gewinnen.

Es ist immer wieder verblüffend, wie ein Kind seine Eltern zu verändern vermag.
Wolfgang Körner

Während der Stillzeit gibt es immer mal wieder Phasen, in denen Kinder häufiger schreien, ständig angelegt werden wollen und nicht satt werden. Diese Wachstumsschübe (ca. 10. Tag, 6. Woche und 3. bis 4. Monat) läuten eine neue Entwicklungsphase des Kindes ein. Es braucht von nun an mehr Milch und in einer anderen Zusammensetzung. Das klappt ohne bewusstes Zutun der Mutter; es braucht allerdings etwas Zeit, bis sich die Milchproduktion erneut eingependelt hat. Mit etwas Ruhe, Milchbildungstee und Unterstützung kann man die kriseligen Tage überstehen. Das Durchhalten lohnt sich! Auf jeden Fall muss man der Versuchung widerstehen, mit Fertigmilch »nachzuhelfen«. Das hat zwar kurzzeitig Erfolg – das Baby ist satt und nicht mehr so anstrengend, in der Konsequenz führt es aber dazu, dass weniger Muttermilch produziert und das Fläschchen zur Dauereinrichtung wird. Lieber den Nachwuchs häufiger zur Brust nehmen. Um Bauchweh zu vermeiden und die Brustwarzen zu schonen, sollte das Baby allerdings nicht häufiger als alle zwei Stunden angelegt werden. Normalerweise hat sich die Milchmenge nach 2 bis 3 Tagen der veränderten Nachfrage angepasst, und alles ist wieder in bester Ordnung.

Erste Hilfe bei Stillproblemen

	Merkmale	*Maßnahmen*
Rissige Brustwarzen	Schmerzen beim „Ansaugen“; gerötete, evtl. rissige Brustwarzen	Baby so anlegen, dass das Kinn nicht in Richtung der rissigen Stelle zeigt. Frische Luft an die Brustwarzen lassen. Kürzer, dafür häufiger stillen. Vor dem Stillen die Brustwarze mit einem Eiswürfel kühlen, das macht sie schmerzunempfindlicher. Nach dem Stillen Muttermilch auf die Brustwarze streichen und eintrocknen lassen. Stilleinlagen mit Naturseide verwenden. Wenn gar nichts mehr geht: Milch mit der Hand ausstreichen und mit der Flasche füttern.
Milchstau	Berührungsempfindliche Brust, rote Flecken und Verhärtungen oberhalb der gestauten Milchdrüsen	Stress vermeiden oder abbauen. Auf gut sitzenden BH achten. Immer zuerst die gestaute Brust anbieten. Vor dem Stillen gestaute Stellen erwärmen (mit dem Föhn, einer Wärmeflasche, einer heißen Kompresse ...), nach dem Stillen kühlen (Quarkwickel, Retterspitzsalbe, kalte Kompressen). Überschüssige Milch ausdrücken (geht am besten in der Badewanne oder unter der Dusche).
Brust-Entzündung	Wie bei Milchstau, zusätzlich Abgeschlagenheit, Schüttelfrost, Fieber	Wie oben, zusätzlich Bettruhe. Wenn keine Besserung eintritt, ist ein Arztbesuch notwendig. Evtl. muss ein Antibiotikum eingenommen werden.
Zu wenig Milch	Baby ist nach dem Stillen nicht zufrieden; verlangt alle 2–3 Stunden nach der Brust	Wachstumsschub in Betracht ziehen (siehe Abschnitt Wachstumsschub). Öfter anlegen. Ausreichend trinken (2–3 Liter), evtl. Milchbildungstee. Bei jedem Stillen an beiden Seiten trinken lassen. Vor dem Stillen die Brust wärmen, damit die Milch besser fließt.
Zu viel Milch	Pralle Brüste, Milch läuft dauernd aus	Nach dem Stillen kühlen. Salbeitee trinken hemmt die Milchbildung. Trinkmenge einschränken. Pro Mahlzeit nur eine Brust anbieten. Stilleinlagen verwenden.

Mit dem Fläschchen geht es auch

Trotz der Vorteile, die das Stillen mit sich bringt: Es gibt Frauen, die können oder wollen es nicht. Niemand muss deshalb ein schlechtes Gewissen haben. Sie können Ihrem Baby auch ohne Mutterbrust alles geben, was es für eine gesunde Entwicklung braucht. Industriell gefertigte Babynahrung enthält alle notwendigen Nährstoffe, Baustoffe und Vitamine für ein normales Wachstum. Wie die Zubereitung funktioniert, entnehmen Sie einfach der Packung. Es ist wichtig, sich genau an die Anweisungen zu halten, sonst kann es zu Verdauungsstörungen kommen. Mühevoller und teurer ist das Füttern mit der Flasche im Vergleich zum Stillen trotzdem. Aber es gibt auch hier Möglichkeiten, sich die Sache einfacher zu machen.

Humor ist der Knopf, der verhindert, dass uns der Kragen platzt.
Joachim Ringelnatz

- → Kochen Sie nicht für jedes Fläschchen extra Wasser ab. Zweimal am Tag reicht – das abgekochte Wasser wird bis zum Gebrauch in einer Thermoskanne zwischengelagert.
- → Wenn Sie auch abgekochtes kaltes Wasser bereithalten, können Sie das Fläschchen schnell auf Trinktemperatur bringen, indem Sie weniger heißes Wasser zum Anrühren verwenden und dafür kaltes zuschütten.
- → Stellen Sie sich für die Nachtversorgung alles in Bettnähe bereit: Thermoskanne, Fläschchen mit abgemessener Pulverdosis und kaltes Wasser.
- → Kaufen Sie sich ein vernünftiges Sterilisiergerät, in dem Sie den Flaschenvorrat für einen Tag auf einmal sterilisieren können.

So viel Zeit muss sein:

- → Widerstehen Sie der Versuchung, mehr Pulver ins Fläschchen zu geben, als der Hersteller empfiehlt, in der Hoffnung, dass dann länger Ruhe herrscht. Das Milchfläschchen ist für einen Säugling oft sowieso schon schwer zu verdauen – mehr Milchpulver führt zu zusätzlichen unangenehmen Begleiterscheinungen wie Bauchweh und hartem Stuhlgang.
- → Prüfen Sie die Temperatur der Milch vor dem Füttern, indem Sie einige Tropfen auf den Handrücken tropfen lassen. Wenn Sie das als unangenehm empfinden, ist die Milch zu heiß.

- Das Saugerloch darf nicht zu groß sein, auch wenn das Füttern dann schneller geht. Ungefähr ein Tropfen pro Sekunde sollte heraustropfen. Ansonsten schluckt das Baby zu viel Luft mit und bekommt Bauchschmerzen.
- Nicht leer getrunkene Fläschchen dürfen nicht für die nächste Mahlzeit aufgehoben werden – auch nicht im Kühlschrank.
- Flaschenmilch nicht länger als dreißig bis vierzig Minuten im Flaschenwärmer warm halten. Warme, zuckerhaltige Flüssigkeiten sind nämlich ein Paradies für Keime, die sich dann rasant vermehren und beim Baby zu Krankheiten führen können.

Wenn Milch nicht mehr ausreicht

Ein Kind ist ein Engel, dessen Flügel im gleichen Maße schrumpfen, wie seine Füße wachsen.
Peter Rosegger

So lange Sie den Eindruck haben, dass Ihr Säugling mit Muttermilch rundum zufrieden ist, brauchen Sie nicht auf andere Nahrung umzusteigen. Irgendwann zwischen dem vierten und achten Lebensmonat kommt jedoch der Zeitpunkt, an dem das Baby seinen Bedarf an Kalorien und Nährstoffen nicht mehr nur mit Milch decken kann. Es hat ständig Hunger und zeigt oftmals lebhaftes Interesse an allem, was Sie essen. Vor Ende des vierten Monats sollte kein Baby mit fester Nahrung konfrontiert werden. Das würde sowohl seine Mundmotorik als auch seinen Verdauungstrakt überfordern und kann Allergien fördern.

Wenn Sie sich zur Beikost entschließen, gehen Sie am besten schrittweise vor. Um den Verdauungstrakt des Babys sanft an feste Nahrung zu gewöhnen, wird die neue Nahrungsform in kleinen Portionen eingeführt. Anfangs bekommt das Kind also beispielsweise zur Mittagszeit erst einmal ein paar wenige Löffel Brei. Rechnen Sie damit, dass nicht allzu viel davon auch tatsächlich im Magen ankommt. Anschließend erhält es zum Sattwerden Brust oder Fläschchen. Wenn der Sprössling sehr hungrig ist, kann es auch sinnvoll sein, ihm erst ein paar Schlucke Milch zu geben, dann den Brei zu füttern und anschließend nochmals Milch. Sonst kann es passieren, dass die Fütterung im Gebrüll endet und das Baby vom Löffeln erst einmal nichts mehr wissen will.

Der Übergang vom Saugen zum Löffeln fällt Ihrem Baby wahrscheinlich nicht ganz leicht, da eine ganz andere Technik erforderlich ist. Es wird versuchen, den Brei vom Löffel herunter zu saugen, oder schiebt mit seiner Zunge allen Brei gleich wieder heraus. Das bedeutet nicht, dass es den Brei nicht mag. Es kommt nur mit der neuen Konsistenz nicht zurecht. Seien Sie also geduldig und decken Sie den Fütterungsort großräumig mit leicht zu reinigendem Material ab. Loben Sie das Baby auf jeden Fall für seine ersten Löffelversuche, egal wie hoch der Verschmutzungsgrad am Ende ist.

Kinder müssen die Dummheiten der Erwachsenen ertragen, bis sie groß genug sind, sie selbst zu machen.
Jean Anouilh

Vorsicht: Allergiegefahr!

Kinderärzte empfehlen für alle Säuglinge, jede Woche nur ein neues Nahrungsmittel einzuführen, um das kindliche Verdauungssystem nicht zu überfordern. Außerdem kann dann gut festgestellt werden, ob das Kind vielleicht etwas nicht verträgt und mit Bauchschmerzen, Durchfall oder Hautausschlägen auf eine bestimmte Substanz reagiert. Bei Kindern von Allergikern ist bei allergieauslösenden Lebensmitteln wie Kuhmilch, Hühnerei, Weizen, Fisch, Nüssen, Tomaten und Zitrusfrüchten Vorsicht geboten. Auf sie sollte im ersten Lebensjahr möglichst ganz verzichtet werden. Es gibt spezielle Flaschennahrung und Babybreie für allergiegefährdete Babys – die so genannte HA(hypoallergene)-Nahrung.

Ernährungsfahrplan

Wir haben versucht, die gängigsten Empfehlungen hinsichtlich der Beikost in einer tabellarischen Übersicht zusammenzufassen. Man kann damit feststellen, welche Nahrungsmittel in welchem Monat eingeführt werden können und wie viele Brei- bzw. Milchmahlzeiten ein Kind am Tag ungefähr braucht. Im ersten Lebensjahr benötigen Babys noch keine große Abwechslung und keine gewürzten Speisen. Sie sollten aber mindestens einmal pro Woche Fleisch bekommen, auch wenn sich die Eltern vegetarisch ernähren.

Ab Monat	4	5	6	7	8	9	10	11/12
Milch	Muttermilch Anfangsmilch			Folgemilch				Vollmilch
Anzahl	5–8 x	4–6 x	4–5 x	3–4 x	3–4 x	2–3 x	2–3 x	2 x
Gemüsebrei	Karotte	Karotte + Kartoffel mit 1 Teelöffel Butter oder Öl	Weitere milde Gemüse, z. B. Zucchini, Fenchel, Pastinake, Kürbis					
Anzahl	0–1 x	0–1 x	1 x	1 x	1 x	1 x	1 x	1 x
Fleisch/ Ei			Rind Pute Lamm		Ei			
Anzahl			1–3 x/Woche	1–3 x/Woche	1–3 x/Woche	1–3 x/Woche	1–3 x/Woche	1–3 x/Woche
Obst			Banane, Apfel, Birne				Angereichert mit Joghurt oder Quark	
Anzahl		0–1 x	0–1 x	1 x	1 x	1 x	1 x	1 x
Getreide		Reis, Mais		Weizen, Hafer, Dinkel		Nudeln		
Anzahl		0–1 x	0–1 x	1 x	1 x	1 x	1 x	1 x
Zwischenmahlzeiten/ Getränke	abgekochtes Wasser, ungesüßter Tee	Reiswaffel	Apfelsaft mit Wasser oder Tee gemischt	Zwieback, Getreidestange, Brot	weiter milde Obstsäfte			

Selbst kochen oder Gläschen kaufen?

Besonders bei Säuglingen unter sechs Monaten hat industriell gefertigte Babynahrung Vorteile, auch wenn manche Erwachsenen sich vor püriertem Hühnchen mit Mais und Kartoffeln verständlicherweise ekeln. Der Geruch mancher Gläschen ist wahrhaft gewöhnungsbedürftig. Selbst kochen ist appetitlicher, aber dafür deutlich aufwendiger, insbesondere da für Menschen in diesem zarten Alter besonders hohe Qualitätsmaßstäbe angelegt werden sollten. Mit Sicherheit ist es da einfacher, ein Gläschen zu füttern. Außerdem:

- ➜ Gläschen sind sehr praktisch für unterwegs.
- ➜ Sie werden regelmäßig kontrolliert und unterliegen besonders strengen Auflagen, was die Schadstoffbelastung angeht.
- ➜ Man kann sich an den Empfehlungen bezüglich des Lebensalters orientieren. Das fand ich als unerfahrene Mutter wirklich hilfreich.
- ➜ Babynahrung hat die optimale Konsistenz für jedes Ernährungsstadium.
- ➜ Gläschen sind schnell zubereitet.
- ➜ Die Zutaten werden erntefrisch verarbeitet – so gehen wertvolle Vitamine nicht verloren.

Mit zunehmendem Alter und Breierfahrung werden Gläschen aber auch ganz schön teuer. Wir sind bei unserer älteren Tochter schrittweise aufs Selbstkochen umgestiegen. Da ich es überhaupt nicht eingesehen habe, für Christof und mich immer eine Extrawurst zu braten, gab es für uns ebenfalls jeden Tag Kartoffeln und Gemüse. Soll ja auch für Eltern gesund sein.

Wenn Sie selbst kochen wollen, sind ein paar wichtige Dinge zu beachten:

- ➜ Alle verwendeten Zutaten sollten besonders am Anfang aus ökologischem Anbau stammen.
- ➜ Gemüse-Kartoffel-Brei kann man problemlos in größeren Mengen kochen und einfrieren.
- ➜ Auch Fleisch lässt sich für mehrere Mahlzeiten kaufen, kochen, pürieren und in Eiswürfelbehälter mit Deckel einfrieren. 2 bis 3-mal pro Woche eine Mahlzeit damit anreichern.
- ➜ Fleisch bereits beim Metzger durch den Fleischwolf drehen lassen.
- ➜ Kaufen Sie sich einen Pürierstab. Aber Achtung: Nie Kartoffeln damit pürieren – es entsteht eine gummiartige Masse!

Standard-Rezept für ein Kilo Gemüse-Kartoffel-Brei mit Fleisch

1 kg Fleisch (am besten magere Stücke von Rind oder Pute)
3 kg Gemüse (z. B. Karotten, Pastinaken, Zucchini, Fenchel)
1,5 kg Kartoffeln
0,5 Liter vom Gemüsesud

Das Fleisch beim Metzger durch den Fleischwolf drehen lassen und mit etwas Wasser gut durcherhitzen. Die Kartoffeln in der Schale weich kochen, etwas abkühlen lassen. Das Gemüse putzen und gegebenenfalls schälen, klein schneiden und in etwa 0,5 l Wasser weich dünsten.

Die gekochten Kartoffeln schälen und durch die Kartoffelpresse drücken. Das Gemüse im Sud mit dem Mixer pürieren. Kartoffeln, Fleisch und Gemüse portionsweise in geeignete Gefäße füllen und einfrieren.

Ungefähr um den ersten Geburtstag herum kann das Kind dann vom Familientisch mitessen. Einige Hinweise, damit der Übergang klappt:

Kinder und Uhren dürfen nicht ständig aufgezogen werden, man muss sie auch gehen lassen.
Jean Paul

→ Bei Kindern funktioniert der Hunger-Sättigungs-Regler noch gut. Normalerweise isst ein Kind so viel, wie es braucht, und hört auf, wenn es satt ist. Gehen Sie also davon aus, dass Ihr Kind weiß, wie viel es zu sich nehmen muss. Sie müssen es weder bremsen noch stopfen.
→ Auch Kinder sollen ausreichend trinken. Wasser, Saftschorle und ungesüßter Tee sind die idealen Durstlöscher. Gut zum Lernen sind auslaufsichere Trinktassen oder -flaschen.
→ Kein Kind sollte zum Aufessen gezwungen werden. Lieber kleinere Portionen austeilen und dann nochmals nachlegen, wenn das Kind mehr verlangt.
→ Achten Sie von Anfang an auf einigermaßen gesittete Tischmanieren. Die Schmerzgrenzen liegen da sicher bei jeder Familie anders. Bei uns darf mit Essen nicht geschmiert, geworfen oder herumgespielt werden – sonst ist der Teller weg.
→ Die Kalorienzufuhr sollte hauptsächlich bei den gemeinsamen Mahlzeiten erfolgen. Zum Nachtisch gibt es auch mal Süßigkeiten, ansonsten zwischendrin nur Joghurt oder Obst.

Kapitel 7

Wenn das Baby krank wird

In diesem Kapitel erfahren Sie ...

- → ***wann Sie sich den Gang zum Kinderarzt sparen können***
- → ***nach welchen Kriterien Sie Ihren Kinderarzt aussuchen sollten***
- → ***wann Ihr Baby ärztliche Hilfe braucht***
- → ***was es beim Impfen zu beachten gilt***
- → ***wie sich das Risiko des »plötzlichen Kindstod« senken lässt***

Ich habe bei unserer Kinderärztin nachgefragt: Während der ersten drei Lebensjahre unserer Tochter Maren war ich über dreißig Mal in ihrer Praxis. Setzt man einen Zeitbedarf von eineinhalb Stunden pro Arztbesuch an, heißt das, dass mein Kind und ich – Aufenthalte in der Ambulanz des Krankenhauses nicht mitgerechnet – bereits zwei Tage unseres Lebens im Wartezimmer verbracht haben. *Christina*

Natürlich geht man mit einem Säugling lieber einmal zu oft zum Arzt als einmal zu wenig. Krank werden gehört zum Leben von Kindern und ihren Eltern dazu. Das Immunsystem muss sich mit »echten« Krankheitserregern auseinandersetzen, um seine lebenswichtige Funktion voll ausbilden zu können. In den ersten Lebensmonaten treten aber einige Phänomene auf, die zwar Besorgnis erregend anmuten, aber völlig harmlos und einen Besuch beim Kinderarzt nicht wert sind.

Kopfgneis

Bei vielen Babys bildet sich nach einigen Lebenswochen ein weißlichgelber Belag auf der Kopfhaut. Er kann ganz trocken sein oder nässen. Ursache ist eine Überproduktion der Talgdrüsen in der Kopfhaut. Kopfgneis muss eigentlich nicht behandelt werden. Wenn sie trotzdem etwas tun wollen: Reiben Sie den Kopf des Babys eine Stunde vor dem Baden mit Olivenöl ein. Das weicht die Schuppen auf und wird außerdem von vielen Babys als äußerst angenehm empfunden. Unsere Tochter Lena schnurrte dabei fast vor Behagen. Setzen Sie dem Baby während der Einwirkzeit ein Mützchen auf. Anschließend lässt sich der Schorf mit einem feinzinkigen Kamm leicht abschaben. Ohne Aufweichen darf man an den Schuppen nicht herumkratzen, sonst verletzt man leicht die Kopfhaut des Babys.

Neugeborenen-Akne

Einige Säuglinge sehen schon im Alter von wenigen Wochen aus, als seien sie gerade in die Pubertät gekommen – Gesicht, Kopf und manchmal auch Hals und Brust sind hormonell bedingt voller kleiner Pickelchen, die sich auch mit Eiter füllen können. Da Babys noch nicht in den Spiegel schauen, macht ihnen dieses kosmetische Problem nichts aus. Die Pickelchen müssen nicht behandelt werden. Auf gar keinen Fall darf man daran herumquetschen – dann kann es nämlich zu Hautentzündungen kommen.

Niesen

Niesen ist ein sinnvoller Reflex, der dazu beiträgt, die Nase sauber und frei zu halten. Viele Babys niesen regelmäßig, auch wenn sie nicht erkältet sind.

Kalte Hände und Füße

Sie bedeuten nicht, dass dem Baby kalt ist. In den ersten Monaten funktioniert die Durchblutung noch nicht optimal. Um zu fühlen, ob das Baby wohl temperiert ist, fasst man besser in den Nacken. Eine zu dicke Verpackung erkennt man am geröteten Gesicht, viele Babys schreien auch, wenn ihnen zu warm ist. Frieren sie, wird das Gesicht eher blass, und das Baby liegt ganz ruhig da, um nicht unnötig Energie zu verschwenden.

Außer handfesten Lebensregeln sind gute Erinnerungen das Beste, was man den Kindern mitgeben kann.
Sidney J. Harris

Schielen

Die Koordination der beiden Augen macht allen Kindern am Anfang noch Mühe. Wenn sie sich besonders auf etwas konzentrieren, schielen sie häufig vor Anstrengung. Bis zum Alter von sechs bis acht Wochen ist das völlig normal. Bei den Vorsorgeuntersuchungen achtet der Kinderarzt auch auf die Entwicklung der Augen. Sprechen Sie ihn darauf an, wenn Sie häufiger beobachten, dass Ihr Kind schielt.

Tränende Augen

Tränen sind die Reinigungsflüssigkeit fürs Auge. Normalerweise läuft die Tränenflüssigkeit über den Nasenkanal ab. Ist der wegen einer Erkältung oder einer Bindehautentzündung angeschwollen, laufen die Tränen über. Normalerweise hilft es, den Nasenkanal zwischen Unterlid und Nasenflügel regelmäßig leicht zu massieren oder abschwellende Nasentropfen zu verabreichen. Wenn das Auge länger als eine Woche tränt, sich Eiter bildet und das Kind Schmerzen hat, sollte ein Arzt konsultiert werden.

Spucken

Humor und Geduld geben eine unwiderstehliche Mischung.
Wilhelm Busch

Die meisten Babys neigen dazu, nach den Mahlzeiten einen Teil der Milch wieder von sich zu geben – bevorzugt dann, wenn kein Spucktuch die Kleidung des Erwachsenen schützt. Die Ursache dafür liegt in der Unreife des Muskels, der den Mageneingang abdichtet. Während der Verdauung zieht der Magen sich zusammen – wenn der Muskel dann nicht richtig schließt, kann dabei Milch entweichen. So lange das Kind gedeiht, sich interessiert an der Umwelt zeigt und regelmäßig die Windel nass macht, ist Spucken kein Grund zur Beunruhigung. Wirkliches Erbrechen erkennen Sie daran, dass das Kind große Mengen des Mageninhalts krampfartig wieder von sich gibt und mit Unruhe und Schreien reagiert.

Blutung

In den ersten Tagen nach der Geburt kann es bei Mädchen zu einer leichten Blutung aus der Scheide kommen. Schuld sind weibliche Sexualhormone, die über die Muttermilch oder bei der Geburt auf das Kind übertragen wurden. Es ist zwar wirklich merkwürdig, aber völlig harmlos.

Brustdrüsenschwellung

Sie kann sowohl bei Jungen als auch bei Mädchen vorkommen. Es kann sogar passieren, dass Milch aus den Brustdrüsen austritt. Auch dann brauchen Sie sich keine Sorgen zu machen, an diesen Phänomenen sind ebenfalls die weiblichen Hormone Schuld, die am Anfang des Wochenbetts im Überfluss ausgeschüttet werden.

Sehr häufig oder sehr selten Stuhlgang

Bei Stillkindern ist fast alles normal – fünf Mal am Tag ebenso wie einmal in der Woche. Auch die Farbe des Muttermilchstuhls kann variieren, von quietschgelb bis grünlich. Oft findet man weiße Flöckchen, dabei handelt es sich um unverdaute Eiweißreste. Angeblich duftet Muttermilchstuhl nach frisch gebackenem Brot – na ja. Wenn ein gestilltes Baby aber unangenehm riecht und große Mengen wässriger Stühle absetzt, könnte Durchfall im Spiel sein. Bei Flaschenkindern muss man darauf achten, dass sie regelmäßig alle zwei bis drei Tage die Windel voll machen. Sonst ist es möglich, dass zu viel Milchpulver verwendet wird und das Baby deshalb Verstopfung hat.

Schluckauf

Ist bei Babys völlig normal und bereitet keine Schmerzen. Oft fängt das Baby schon im Bauch der Mutter damit an. Viele Neugeborene haben mehrmals am Tag Schluckauf. Mit zunehmendem Alter wächst sich das aus. Manchmal hilft es, das Kind hochzunehmen und etwas abzulenken.

Wundsein → siehe Kapitel Pflege

Wann zum Kinderarzt?

Zunächst ist es wichtig, alle vorgeschriebenen Vorsorgeuntersuchungen termingerecht wahrzunehmen. Einige Erkrankungen, z. B. des Stoffwechsels, und schwer wiegende Entwicklungsstörungen können so frühzeitig erkannt werden. Bei der Wahl des Kinderarztes orientieren Sie sich am besten an den Erfahrungen von Eltern aus Ihrem Bekanntenkreis. Interessant sind folgende Informationen:

Es ist eine Gabe, das Unwichtige auf dieser Welt tatsächlich unwichtig zu nehmen.
Frank Thiess

- → Wie lange muss man im Allgemeinen im Wartezimmer sitzen?
- → Ist das Praxispersonal freundlich?
- → Gibt es Spielmöglichkeiten während der Wartezeit?
- → Welche Einstellung hat der Arzt zum Impfen, zu Naturheilverfahren und Antibiotika?
- → Nimmt der Arzt sich genügend Zeit für gründliche Untersuchungen und Fragen der Eltern, oder wird man eher »abgefertigt«?
- → Macht der Arzt durchaus auch Hausbesuche?
- → Wie kurzfristig bekommt man einen Termin?

Es ist wichtig, dass Sie sich mit dem Kind in der Praxis gut aufgehoben fühlen und Vertrauen zu Arzt und Helferinnen entwickeln können. Schließlich werden Sie in den nächsten Jahren einige Zeit dort verbringen. Unter Umständen lohnt es sich auch, einen etwas weiteren Weg in Kauf zu nehmen.

Es ist für frisch gebackene Eltern nicht immer leicht zu entscheiden, ob ein Besuch beim Kinderarzt notwendig ist oder nicht. Nicht jedes Wehwehchen muss vom Arzt behandelt werden. Beobachten Sie das Kind aufmerksam. Je kleiner der Säugling, desto schneller sollten Sie im Zweifel ärztliche Hilfe in Anspruch nehmen. Hilfreich ist auch die Anschaffung eines Kinderkrankheitenlexikons (Empfehlungen siehe Anhang). Unseres löst sich aufgrund des heftigen Gebrauchs schon langsam auf. Das Nachschlagen hat uns schon oft darin bestärkt, zum Arzt zu gehen bzw. erst einmal selbst zu therapieren.

Auf jeden Fall sollten Sie in der Praxis anrufen:

- bei Fieber über 39 °C
- bei erhöhter Temperatur in Verbindung mit Krämpfen und wenn Ihr Kind schon einmal einen Fieberkrampf hatte
- Fieber mit Erbrechen und/oder Durchfall, Benommenheit und Nackensteife
- Fieber unter 38,5 °C, das sich über drei Tage nicht bessert
- ständig wiederkehrendes Fieber
- Erbrechen oder Durchfall über sechs Stunden
- Husten mit Fieber
- Husten, der sich über eine Woche nicht bessert
- Husten mit Atemnot
- bei allen Krankheitssymptomen, die Sie sich nicht erklären können
- wenn Sie allgemein das Gefühl haben, dass irgendetwas nicht stimmt.

Sollte Ihnen der Gesundheitszustand Ihres Babys Sorge bereiten, dann zögern Sie nicht, bei Notfällen, nachts und am Wochenende in die Kinderambulanz zu fahren.

Impfen oder nicht impfen?

Impfungen sind ein Geniestreich der Medizin. Viele schreckliche Krankheiten wie Kinderlähmung oder Pocken geißeln die Menschheit heute nicht mehr, weil dagegen Impfstoffe entwickelt und große Teile der Bevölkerung systematisch damit behandelt wurden.

Allerdings ist genau dieser Effekt dafür verantwortlich, dass heute vielerorts Impfmüdigkeit herrscht: Man fühlt sich sicher und will dem Kind den unangenehmen Piekser gerne ersparen. Viele Eltern entscheiden sich auch bewusst gegen das Impfen aus Angst vor Impfschäden und Allergien, die durch das im Impfstoff enthaltene körperfremde Eiweiß ausgelöst werden könnten.

Im Prinzip nimmt man beim Impfen eine tatsächliche Konfrontation des Körpers mit Krankheitserregern voraus, indem man abgetötete oder abgeschwächte Keime in den Körper bringt. Das Immunsystem bekämpft die Eindringlinge und »merkt« sie sich. Bei einem erneuten Kontakt läuft die Immunreaktion viel schneller ab, so dass die Keime sich nicht im Körper ausbreiten können – die Krankheit bricht nicht aus. Dadurch können die schlimmen Folgen vieler Infektionen vermieden werden.

Kinder lieben anfangs ihre Eltern. Wenn sie älter werden beurteilen sie sie. Bisweilen verzeihen sie ihnen.
Oscar Wilde

Normalerweise werden Eltern bei der vierten Vorsorgeuntersuchung mit der Frage konfrontiert: Impfen oder nicht? Je nach Umfeld und Vorkenntnissen werden Mütter und Väter unterschiedlich entscheiden. Egal wie die Entscheidung ausfällt – Sie sollten sich über die Konsequenzen im Klaren sein. Lassen Sie Ihr Kind impfen, kann es zu harmlosen Nebenwirkungen wie Rötungen der Impfstelle, sehr selten auch zu Komplikationen wie hohem Fieber und Fieberkrämpfen kommen. Lassen Sie das Kind nicht impfen, wird es, wenn es sich beispielsweise mit Masern ansteckt, auf jeden Fall längere Zeit krank werden und Pflege brauchen. Im schlimmsten Fall können auch bei den so genannten Kinderkrankheiten schwere Komplikationen wie Lungen- oder Gehirnentzündungen auftreten, die im ungünstigsten Fall zum Tod führen. Gegen schwere Erkrankungen wie Tetanus, Diphterie und Kinderlähmung sollten unseres Erachtens alle Kinder geimpft werden. Bei anderen kann man streiten, wobei unsere Kinder alle von der ständigen Impfkommission empfohlenen Impfungen bekommen haben. Als Entscheidungshilfe finden Sie im Anschluss eine Tabelle, in der wir die möglichen Komplikationen der Krankheiten den entsprechenden Impfrisiken gegenübergestellt haben.

Krankheit	*Symptome und mögliche Komplikationen*	*Nebenwirkungen der Impfung*
Diphterie	Bakterielle Infektion, sehr ansteckend. Zunächst leichtes Fieber, Halsschmerzen, Husten und Heiserkeit, Kopfschmerzen, süßlicher Atem. We iße, später bräunliche Beläge im Rachen. Bei nicht rechtzeitiger Behandlung lebensbedrohliche Atemnot, Herzmuskelschädigungen, Nervenlähmungen.	Häufig Rötungen und Schwellungen an der Impfstelle. Sehr selten Krampfanfälle und Nervenschäden.
Haemophilus-influenza-b (Hib)	Eins von 450 Kindern infiziert sich in den ersten fünf Lebensjahren. Verschiedene Krankheitsbilder sind möglich. Besonders gefürchtet sind eitrige Hirnhautentzündungen und Kehlkopfentzündungen, die zum Ersticken führen können.	Leichte Hautrötung, leicht erhöhte Temperatur.
Keuchhusten (Pertussis)	Für Babys lebensbedrohlich. Sehr langwierige Erkrankung. Beginnt wie normale Erkältung, Husten verschlimmert sich zu krampfartigen Hustenanfällen. Typisches Keuchen. Als Folgeerkrankung eitrige Bronchitis, Lungenentzündung. Nach Ausheilung eventuell se nsibles Bronchialsystem bis hin zu Asthma. Gehirnschäden durch Sauerstoffmangel während der starken Hustenanfälle.	Schmerzende und gerötete Impfstelle, erhöhte Temperatur, Appetitmangel, Störungen des Schlafrhythmus.
Kinderlähmung (Polio)	Virusinfektion des Rückenmarks und der Nerven. Hohes Fieber, Kopf- und Halsschmerzen, steifer Nacken. Bei fortschreitender Erkrankung Lähmungen, insbesondere an Beinen, aber auch an Rumpf und Armen. Besonders gefährlich ist die Lähmung der Atemmuskulatur.	Sehr selten Fieber, Gehirnreizung, Durchfall.

Masern	Zunächst Erkältungsanzeichen, ständig steigendes Fieber. Weiße Flecken im Mund. Dann kleine Flecken, die sich ausgehend vom Gesicht auf den Körper ausbreiten. Bei jedem siebten Kind treten Komplikationen wie Entzündungen der Lunge, des Mittelohrs, der Augen und der Nasennebenhöhlen auf. Selten Gehirnentzündung, die lebenslange geistige Behinderungen oder im schlimmsten Fall den Tod nach sich ziehen kann.	So genannte Impfmasern mit hohem Fieber und masernähnlichem Ausschlag treten relativ häufig auf. Sie dauern ein bis zwei Tage und sind nicht ansteckend.
Mumps	Speicheldrüsen neben und unter den Ohren schwellen an, Schluckbeschwerden, Halsschmerzen, Fieber und Kopfschmerzen. In seltenen Fällen Hirnhautreizung mit bleibenden Hörschäden. Bei Jungen besteht die Gefahr einer Hodenentzündung, die Unfruchtbarkeit nach sich ziehen kann.	Sehr selten Rötungen der Impfstelle, hohes Fieber. Noch seltener Schwellungen der Ohrspeicheldrüse und leichte Hirnreizungen.
Röteln	Für Kinder harmlos, verläuft oft unerkannt. Eventuell leichtes Fieber und kleinfleckiger Ausschlag, der hinter den Ohren beginnt und sich über den restlichen Körper ausbreitet. Lymphdrüsenschwellung im Nacken. Bei Ansteckung während der Schwangerschaft eventuell schwere Schädigung des Ungeborenen möglich.	Gelegentlich geringes Fieber, rötelnähnlicher Ausschlag, Lymphknotenschwellung.
Tetanus	Krankheitserreger kommen überall im Boden vor und können bei Verletzungen in den Körper eindringen. Zunächst steife Muskeln und Krämpfe an Kiefern und Mund. Später schwere Verkrampfungen der gesamten Muskulatur. Nur die Hälfte der Betroffenen überlebt die Krämpfe.	Rötungen und Schwellungen der Impfstelle.
Hepatitis B	Infektion der Leber mit möglichem Übergang in ein chronisches Stadium mit Leberzirrhose oder Leberkrebs. Hepatitis B ist sehr ansteckend, insbesondere Jugendliche sind gefährdet.	Rötung, Schwellung oder Schmerz an der Impfstelle. Selten Abgeschlagenheit, grippeähnliche Symptome, Übelkeit oder Bauchschmerzen.

Schreckgespenst »plötzlicher Kindstod«

Der »plötzliche Kindstod« (auch »Krippentod« oder »SIDS« für Sudden Infant Death Syndrome) bereitet vielen Eltern schlaflose Nächte. Die Vorstellung, das bis dahin völlig gesunde Baby morgens tot im Bettchen zu finden, ist äußerst erschreckend. Der »plötzliche Kindstod« ist immer noch nicht ganz erforscht. Man vermutet, dass ein Zusammentreffen unglücklicher Faktoren für den Krippentod verantwortlich ist. Diskutiert wird u. a. eine genetische Veranlagung in Koppelung mit einer Virusinfektion.

Tatsache ist, dass die Forschung in den letzten Jahren einige Risikofaktoren benannt hat. Durch die Vermeidung dieser Risiken sind die Todesfälle deutlich auf jährlich etwa 2000 in Deutschland zurückgegangen. Eine letzte Sicherheit gibt es trotz allem nicht.

Risikofaktoren:

- Rauchen während der Schwangerschaft und später Rauchen in Anwesenheit des Babys erhöhen das Risiko um das Doppelte;
- schlafen in Bauchlage;
- überwärmtes Bettchen/Kinderzimmer.

Als gefährdet werden Kinder eingestuft, die

- als Früh- oder Neugeborene beatmet wurden und Schwierigkeiten mit der Atemregulation hatten;
- schon einmal aus einem lebensbedrohlichen Zustand gerettet wurden;
- im Schlaf stark schwitzen, ohne zu warm angezogen zu sein.

Um das Risiko eines »plötzlichen Kindstod« zu senken, sollten Sie

- darauf achten, dass Ihr Baby möglichst wenig mit Nikotinschwaden in Berührung kommt. Im Schlafraum des Babys darf eigentlich auf keinen Fall geraucht werden, am besten ist eine völlig rauchfreie Wohnung;
- das Baby nicht unbeaufsichtigt auf dem Bauch schlafen lassen;

- → es nachts nicht zu warm anziehen. Body, Windel und ein Schlafanzug sind völlig ausreichend. Auch Lammfelle, Wärmflaschen und dicke Federbetten können zu einer Überhitzung des Babys führen;
- → das Baby mindestens sechs Monate lang stillen. Gestillte Kinder werden seltener Opfer von SIDS;
- → während der Stillzeit nur Medikamente einnehmen, wenn es unbedingt notwendig ist.

Eltern, die ihr Kind vor lauter Sorge gar nicht entspannt schlafen lassen können, sollten sich Überwachungsgeräte zulegen, die sofort Alarm schlagen, wenn die Atmung des Babys länger als 20 Sekunden aussetzt. Kinderärzte empfehlen solch eine Kontrollinstanz im Babybett allerdings nur für die oben beschriebene Risikogruppe. Wenn man sich einen »Aufpasser« zulegt, sollte man sich auf mögliche Fehlalarme einstellen und einen Erste-Hilfe-Kurs für Säuglinge mitmachen – im Ernstfall kann das lebensrettend sein.

Kapitel 8

Mit dem Nachwuchs unterwegs

In diesem Kapitel erfahren Sie ...

- → ***was Sie einpacken sollten, wenn Sie mit Baby verreisen***
- → ***dass sich mit einem Baby auch der Urlaub einschneidend verändert***
- → ***woran Sie denken müssen, wenn Sie mit dem Auto unterwegs sind***
- → ***was bei Bahnfahrten zu empfehlen ist***
- → ***warum Flugreisen mit dem Baby kein Problem sein müssen***

Von einer anthroposophischen Hebamme bekamen wir nach Marens Geburt den Rat, die ersten sechs Wochen komplett in den eigenen vier Wänden zu verbringen, damit sie sich an »die Aura« unserer Wohnung gewöhnt. Wir haben uns nicht daran gehalten – nach drei Wochen wäre uns sonst sicher bei dieser Isolationshaft die Decke auf den Kopf gefallen. Wenn Baby und Mutter wohlauf sind, spricht nach unserer Auffassung nichts dagegen, öfter einmal einen Fuß vor die Tür zu setzen. Geht es um einen längeren Ausflug mit Übernachtung auswärts, hat der Rat der Hebamme vielleicht doch etwas für sich.

Als wir zum ersten Mal zu einem verlängerten Wochenende bei unseren Eltern in Süddeutschland aufbrachen, glaubten unsere Nachbarn sicherlich, wir würden ausziehen. Unser Auto war voll bis unters Dach – unsere Wohnung dagegen beinahe leer geräumt. Spätestens bei diesem Ausflug haben wir verstanden, warum Kombis und MiniVans bei Familien so unglaublich populär sind – wir fuhren damals einen kleinen Kadett.

Wahrscheinlich hätten wir auch einen VW-Bus mit Anhänger voll bekommen, weil wir damals noch die Maxime hatten, Maren auswärts so viel wie möglich Vertrautes zu bieten. Also packten wir Stillkissen, Krabbeldecke, Bettzeug, Kuscheltier und Windeln en masse ein. Wir dachten allen Ernstes daran, das Oberteil der Wickelkombination abzuschrauben. Mittlerweile wissen wir, dass Maren in fremden Betten genauso gut schläft wie in ihrem Reisebettchen und dass sie ihre eigenen Spielsachen kaum anrührt, wenn Oma Papas altes Spielzeug vom Dachboden holt.

Bei den letzten Reisen waren wir also leichter unterwegs – einen großen Kofferraum hätten wir trotzdem brauchen können.

Christof

Die Rückkehr zur Einfachheit ist keine Frage der Moral, sondern der Lebenskunst.
Wolfgang Sachs

Die wenigsten Menschen sind wirklich auf Babys oder Kleinkinder eingestellt, deshalb bleibt leichtes Gepäck für Familien ein Wunschtraum. Schon allein der Kinderwagen schafft es mühelos, den Kofferraum voll auszufüllen. Und noch ärgerlicher als zu viel einzupacken ist es, etwas Wichtiges zu vergessen. Unser Auto hat schon einige Kilometer auf dem Buckel, die allein unserer Zerstreutheit und Marens Liebe zu ihrem Teddybär Bruno zuzuschreiben sind. Mittlerweile sind wir dazu übergegangen, vor jeder längeren Fahrt konsequent eine

Checkliste durchzugehen. Das klingt ein bisschen pedantisch, aber es hat sich bewährt. Wir haben in den folgenden Unterkapiteln die wichtigsten Dinge zusammengestellt, die für die Reise mit dem Baby notwendig sind. Vielleicht kopieren Sie sich ja diese Liste und machen es so wie wir: Der eine liest die Liste vor und hakt ab, der andere rennt durch die Wohnung und packt alles ein.

Egal, ob Sie zum Supermarkt gehen oder einige Monate mit dem Kanu durch skandinavische Seen touren – eine kleine Tasche für alle Fälle sollten Sie immer griffbereit haben. Im Allgemeinen warten Babys nämlich gerne den ungünstigsten aller Momente ab, um sich von oben bis unten voll zu spucken oder ihr »großes Geschäft« in die Windel zu machen. In der Notfalltasche sollten also enthalten sein:

- ◯ 5 Windeln
- ◯ Ersatzkleider (Body, Strampler oder Pulli und Hose, Socken, Mütze)
- ◯ Ersatz-Schnuller
- ◯ eine Wickelunterlage (gibt's beim Drogeriemarkt in Form einer Decke aus Kunststoff)
- ◯ Feuchttücher oder ein feuchter Waschlappen in einer Plastiktüte (muss öfter ausgewechselt werden!)
- ◯ Spucktuch
- ◯ bei größeren Babys: Zwieback oder Reiswaffeln
- ◯ eine Plastiktüte für gebrauchte Windeln
- ◯ Wundschutzcreme.

Je nachdem, wo und wie lange Sie unterwegs sein wollen, kann es auch ratsam sein, Folgendes einzupacken:

- ◯ Teebeutel
- ◯ heißes Wasser in einer kleinen Thermoskanne
- ◯ Flaschennahrung
- ◯ eine Babyflasche plus Sauger
- ◯ Latz
- ◯ Kekse (ab 8 Monate)
- ◯ Gläschen plus Löffel
- ◯ Taschentücher.

Für den Urlaub und für mehrtägige Ausflüge sollten Sie diese Utensilien nicht vergessen:

Nahrung

- ◯ Fläschchen
- ◯ Teesauger
- ◯ Milchsauger
- ◯ Kinderlöffel
- ◯ Gläschen
- ◯ Breipulver
- ◯ Esslatz
- ◯ Kindersitz
- ◯ Flaschenwärmer
- ◯ Pürierstab

Schlafen

- ◯ Reisebett
- ◯ Bettzeug
- ◯ Schlafanzug
- ◯ Spieluhr
- ◯ Schnuller
- ◯ Schlafsack
- ◯ Kuscheltier
- ◯ Kuscheldecke
- ◯ Babyfon

Kleidung

- ◯ Mützen
- ◯ Jacke
- ◯ T-Shirts
- ◯ Bodys/Unterwäsche
- ◯ Halstuch
- ◯ kurze Hosen
- ◯ lange Hosen
- ◯ Strampler
- ◯ Strümpfe/ABS-Socken
- ◯ Strumpfhosen
- ◯ Sweatshirts
- ◯ Pullis
- ◯ Gummistiefel
- ◯ Schuhe
- ◯ Handschuhe
- ◯ Schal

Pflege

- ◯ Haarbürste
- ◯ Nagelschere
- ◯ Windeln
- ◯ Creme
- ◯ Wundsalbe
- ◯ Desinfektion
- ◯ Pflegetücher
- ◯ Waschlappen
- ◯ Handtücher
- ◯ Wickelunterlagen
- ◯ Öl
- ◯ Shampoo/Badeöl
- ◯ Plastiksäcke
- ◯ Spucktücher/Stoffwindeln

Apotheke

- ◯ Fluortabletten
- ◯ Fieberthermometer
- ◯ Paracetamol-Zäpfchen
- ◯ Nasenspray
- ◯ Hustenstillsaft
- ◯ Hustensaft (Schleimlöser)

Unterhaltung

- ◯ Spielzeug
- ◯ Kinderkassetten/CDs
- ◯ Kassettenrekorder
- ◯ Bücher
- ◯ Spieldecke
- ◯ Malsachen

Sommer/Strandurlaub

- ◯ Strandschuhe
- ◯ Badehose/Badeanzug
- ◯ Badewindeln
- ◯ Schwimmflügel
- ◯ Sandspielzeug
- ◯ Sonnenbrille
- ◯ Sonnenschutz für hintere Autofenster
- ◯ Sonnenhut
- ◯ Sonnenmilch SF = 25

Ganz wichtig

- ◯ Kinderwagen/Buggy
- ◯ Tragetuch
- ◯ Kinderausweis
- ◯ Kindersicherungen (Steckdose)

Noch ausführlichere Checklisten finden Sie auch im Internet unter *www.urlaubs-checkliste.de*.

Urlaub mit dem Baby

Grundsätzlich spricht nichts dagegen, mit dem Baby Ausflüge und Reisen zu unternehmen. Allerdings sollten diese Trips wohl dosiert sein, denn jede größere Unternehmung stört den Lebensrhythmus des Babys in einem gewissen Grad. Manche Kinder stecken das gut weg, andere weniger. Größere Reisen sind immer mit einer gewissen Belastung für das Kind verbunden und häufig auch für die Eltern nicht so erholsam.

Deshalb ist es durchaus ratsam, auf das Verhältnis zwischen Reisezeit und Aufenthalt zu achten. Für das Kind ist ein Ortswechsel immer auch mit einer Umstellung verbunden, besonders wenn es in andere Klimazonen geht. Ein Fünf-Tage-Trip auf die Malediven bringt sicher keine Erholung – weder für das Kind noch für die Eltern. Fünf

Tage gehen fast schon fürs Packen drauf, bei dem, was Sie alles für Ihr Kind und sich selbst mitnehmen müssen! Zum anstrengenden und langen Flug kommen dann Klimawechsel und Zeitumstellung hinzu, die es zu verkraften gilt. Und das Ganze dann fünf Tage später noch einmal! Einige Urlaubsziele scheiden mit Baby einfach aus:

- Meiden Sie Urlaubsorte mit extremen Klimabedingungen. Drückende Hitze oder eisige Temperaturen sind für Ihr Baby eine Tortur.
- Meiden Sie exotische Länder. Die Ansteckungsgefahr für einen Säugling ist groß. Vor allem Länder, in denen Malaria kursiert, sollten mit Baby unbedingt gemieden werden.

Humor ist etwas, was vielen nicht in den Gram passt.
Werner Mitsch

Nicht nur der Alltag, auch die Urlaubszeit verändert sich mit Baby ganz eklatant. Ein Stück Alltag nehmen Sie mit dem Baby mit: Stillen, Wickeln, Beruhigen und die schwierigen Nächte. Manche Babys reagieren empfindlich auf die veränderte Umgebung und schlafen schlechter. Auch Krankheiten ziehen sich Babys am liebsten im Urlaub zu. Deshalb:

- Halten Sie auch im Urlaub die Bälle flach. Planen Sie nicht zu viele Ausflüge und Programmpunkte. Zu viel Action erschwert die Akklimatisierung für das Baby.
- So ein Kind senkt die Quote der abgehakten Sehenswürdigkeiten pro Tag merklich. Bis man allein morgens endlich so weit ist, dass alles gepackt ist für den Tag und es losgehen kann, vergehen zwei bis drei Stunden. Und es setzt sich fort: Still- und Wickelpausen, Kinderwagen ein- und auspacken, Kind nach Spuckanfall umziehen – das alles ist zeitraubend.
- Babys sollten nie über längere Zeit der Sonne ausgesetzt sein. Legen Sie Ihr Kind möglichst in den Schatten und cremen Sie es mit Sonnenschutz ein, der einen hohen Lichtschutzfaktor besitzt.

Auf Tour mit dem fahrbaren Untersatz

Die meisten Familien sind mit dem Auto unterwegs, und es gibt gute Gründe dafür. Man kann mehr Gepäck mitnehmen und ist sehr flexibel. Für gewöhnlich schlafen Babys ein, sobald der Motor läuft, und wenn man Glück hat, wachen sie am Zielort wieder auf. Manchmal werden sie allerdings schon vorher wach und fangen schnell an zu quengeln, weil sie sich langweilen. Deshalb:

→ Legen Sie in regelmäßigen Abständen Pausen ein – etwa alle eineinhalb Stunden. Nehmen Sie das Kind aus dem Sitz, wickeln und stillen Sie es bei Bedarf. Das Baby sollte nicht über lange Zeiträume im Kindersitz eingezwängt sein. Am besten planen Sie diese Pausen im Voraus. Ein Verzeichnis von Rastplätzen mit Einrichtungen für Kinder gibt es bei der Gesellschaft für Nebenbetriebe der Bundesautobahnen mbH, Poppelsdorfer Allee 24, 53115 Bonn, Tel. 02 28/92 20.
→ Komfortabler als Sitzschalen und besonders für längere Fahrten geeignet sind speziell ausgerichtete Kinderwagen-Oberteile, die mit dem Anschnallgurt fest fixiert werden können.
→ Ein Frotteetuch auf dem Auto-Babysitz kann an heißen Tagen eine große Hilfe sein, denn es saugt den Schweiß auf. Das Baby fühlt sich dadurch wohler.
→ Bringen Sie am Kindersitz geeignetes Spielzeug an.
→ Das Kind sollte ausreichend zu trinken haben – Kinder bekommen im Auto sehr viel Durst – und auch etwas zu knabbern, wenn es schon feste Nahrung zu sich nimmt. Geeignet sind Zwieback oder Reiswaffeln. Auch mundgerecht zerkleinertes Obst oder Gemüse stillen den kleinen Hunger.
→ Das Baby sollte weder der Sonne noch Zugluft oder übermäßiger Hitze ausgesetzt sein. Denken Sie an einen Blendschutz für die hinteren Fenster; dabei tut es auch eine zwischen die Scheibe geklemmte Mullwindel.
→ Nie das Baby allein im Auto zurücklassen!

Erziehung ist Liebe und Beispiel, sonst nichts.
Friedrich Fröbel

Reisen mit der Bahn

Theoretisch ist das die erholsamste Art, mit dem Baby zu reisen. Es gibt Bewegungsspielraum, recht komfortable Wickelmöglichkeiten und ein Bistro, in dem man schnell heißes Wasser für einen Tee besorgen kann.

Außerdem sollte das Baby durch die gleichmäßigen Fahrtgeräusche gut einschlafen können. Und da es bei Bahnreisen keine Staus gibt, ist die Fahrtzeit vorhersehbar.

So weit die Theorie: Unsere erste längere Zugfahrt mit unserer Tochter Maren hat das alles nicht bestätigt. Mit viel Gepäck und einem Baby durch volle Waggons zu manövrieren, war eine Qual. Wickeln war okay, aber gestresst hat uns, dass Maren keine Sekunde geschlafen hat, obwohl sie furchtbar müde war. Irgendwann wussten wir nicht mehr, was wir mit ihr anfangen sollten. Ständig den Waggon auf und ab zu gehen, verlor schnell seinen Reiz. Und von wegen vorhersehbare Reisezeit: Aufgrund eines Karnevalsumzugs, der einen Bahnhof blockierte, standen wir stundenlang irgendwo in der Pampa herum und versuchten, Maren mit allen Mitteln davon abzuhalten, den ganzen Waggon vollzuschreien. Christof

Trotzdem möchten wir das Zugfahren empfehlen – vielleicht sind bei Ihnen ja die genannten Vorteile deutlicher erkennbar. Hier einige Tipps für Bahnreisen:

- Geben Sie Ihr Gepäck auf. Es gibt bei der Bahn einen Haus-zu-Haus-Service.
- Reservieren Sie frühzeitig, damit Sie noch ein Mutter-Kind-Abteil oder zumindest einen Platz mit Tisch abbekommen.
- Reisen Sie mit möglichst wenig Gepäck, aber halten Sie die Tasche für Notfälle griffbereit.
- Nehmen Sie genug Bilderbücher und Spielzeug mit.
- Übrigens: Kinder bis 14 Jahre fahren bei der Bahn kostenlos.

Fliegen mit dem Baby

Ein gesundheitliches Risiko stellt das Fliegen für das Baby wohl nicht dar. Eigentlich spricht nichts dagegen, bereits mit einem wenige Wochen alten Baby eine Flugreise zu unternehmen.

In manchen Flugzeugen gibt es spezielle Mutter-Kind-Sitze, meist in der ersten Reihe. Dort haben die Eltern mehr Beinfreiheit, und vor allem können an der Wand spezielle Babybetten angebracht werden. Erkundigen Sie sich am besten vorher im Reisebüro.

Ähnlich wie beim Bahnfahren haben wir beim Fliegen allerdings auch keine allzu guten Erfahrungen gemacht. Beim Hinflug mussten wir wegen Verspätung eineinhalb Stunden warten.

Zum Glück gab es in der Wartehalle genügend Auslauf und sogar eine Spielecke für Maren. Im Flugzeug mussten wir feststellen, dass wir drei getrennte Sitzplätze hatten. Völlig unmöglich mit einem zweieinhalbjährigen Kind. Die Stewardess mühte sich lange, bis sie jemanden fand, der bereit war, mit uns zu tauschen.

Der Rückflug ging um 5.00 Uhr morgens. Im Hotel abgeholt wurden wir allerdings schon um 0.15 Uhr. Am Flughafen angekommen, standen wir ziemlich am Ende einer langen Schlange vor dem Check-In-Schalter. Auf Anraten eines älteren Ehepaars hinter uns und um nicht nochmals drei getrennte Sitze zu riskieren, nahmen wir allen Mut zusammen und marschierten an der Schlange vorbei. Ein Mitreisender wurde daraufhin derart ausfallend, dass ich vor Wut heulte. Weil der Rückflug auch noch überbucht war, haben wir Maren freiwillig für drei Stunden auf den Schoß genommen.

Christina

Moderne Linienjets erreichen die billigen Flugpreise vor allem dadurch, dass möglichst viele Menschen auf möglichst engem Raum Platz nehmen. Unter zwei Jahren fliegen die meisten Kinder zwar umsonst, aber dafür haben sie auch keinen extra Platz, sondern sitzen auf dem Schoß ihrer Eltern. Bei längeren Flügen ist die Beinfreiheit schon ohne Kind ein Problem, mit Kind kann von Beinfreiheit überhaupt keine Rede sein. Das ist dann nicht nur unangenehm, auch das Thromboserisiko steigt. Für einen guten Flug:

- ➜ Buggy erst ganz zum Schluss aufgeben. Bei vielen Fluglinien ist es möglich, den Buggy erst kurz vor oder sogar mit dem Einsteigen abzugeben. Dann kann Ihr Kind möglichst lange darin schlafen. Bei manchen Airlines können Sie nach dem Einchecken auch einen Buggy leihen, den Sie bis zum Flugzeug mitnehmen dürfen.
- ➜ Für lange Flüge (Neuseeland, USA etc.) sollten Sie auf jeden Fall überlegen, einen zusätzlichen Sitz für Ihr Kind zu buchen, wenn Ihr Budget das hergibt.
- ➜ Checken Sie möglichst schon am Abend vor dem Abflug ein. Dann können Sie sich die Plätze aussuchen und sind am nächsten Tag nicht mit dem Gepäck belastet.
- ➜ Gehen Sie als Letzte an Bord. Dann hat Ihr Kind möglichst lange noch Bewegungsfreiheit.

- Auch an Bord eines Flugzeugs gilt: Bücher, Spielzeug und genug Essen und Trinken bereithalten. Der Kindermagen richtet sich oft nicht nach den Lieferzeiten des Bordservice.
- Bei Start und Landung das Kind trinken lassen, um Ohrenschmerzen zu vermeiden.
- Nehmen Sie eine Babydecke mit an Bord, denn durch die Klimaanlagen kann es für Ihr Baby zu kalt sein.

Humor ist der Schwimmgürtel auf den Strömen des Lebens.
Wilhelm Raabe

Für das Reisen mit Babys gilt: Einfacher ist oft wirklich besser und erholsamer für alle Beteiligten. Seit wir Kinder haben, fahren wir regelmäßig nach Holland in eine Ferienwohnung. Wir kennen uns dort schon aus, die Tage verlaufen unspektakulär, Sightseeing findet nur am Rande statt – aber alle kommen zu ihrem Recht. Die Reise nach Amerika, die wir schon immer mal machen wollten, heben wir uns für später auf.

Kapitel 9

Haushalt und kein Ende – trotz Baby nicht im Chaos landen

In diesem Kapitel erfahren Sie …

- ***dass Sie mit einem Baby die eigenen Ansprüche an Ordnung und Sauberkeit herunterschrauben sollten***
- ***wie sich Hausarbeit und Zeit für das Baby miteinander verbinden lassen***
- ***wie Sie in Ihrer Wohnung effektiver Ordnung schaffen***
- ***warum Sie mit Plan putzen sollten***
- ***wie Sie Ihre Wäscheberge bewältigen und Ihre Einkäufe stressfreier erledigen***

Man muss schon den eigenen Perfektionismus ablegen und sich mit einer guten Portion Humor wappnen, wenn der Hausfrauenstolz die Babyphase einigermaßen unbeschadet überstehen soll. Es ist nämlich durchaus nicht ungewöhnlich, dass ein ganz normaler Vormittag mit zwei kleinen Kindern so abläuft:

8.00 Uhr
Mein Mann hat mich nach einer unruhigen Nacht ausschlafen lassen, bis er zur Arbeit musste. Echt nett von ihm! Ich quäle mich aus dem Bett – jemand muss ja auf Maren (3 1/2) aufpassen. Das Baby schläft selig weiter.

8.30 Uhr
Gerade habe ich den letzten Bissen Müsli heruntergeschluckt, als sich das vertraute Quäken wieder vernehmen lässt. Immerhin habe ich in Ruhe gefrühstückt. Trinke noch einen Schluck Tee und widme mich wieder der kleinen Lena. Erste Aktion: frisch anziehen. Die Windel hat die Belastungen der Nacht nicht gut verkraftet und ist übergequollen. Der Versuch, noch vor der nächsten Stillmahlzeit zu duschen, scheitert schon im Ansatz.

8.50 Uhr
Bin gerade beim Stillen, als es an der Tür klingelt. Nehme im spuckfleckigen Schlafanzug mit wirrem Haar und einem protestierenden Bündel unter dem Arm ein Päckchen entgegen. Der Postbote blickt verständnisvoll – wahrscheinlich hat er selbst Kinder.

9.15 Uhr
Lena liegt zufrieden strampelnd auf der Spieldecke, stößt niedliche Laute aus und grinst mich an. Das Leben ist schön. Was macht eigentlich Maren? Sehe im Kinderzimmer nach und stelle fest, dass sie mit einer unglaublichen Ausdauer mein schönstes Geschenkpapier in immer noch kleinere Schnipsel zerschneidet. Ich freue mich über die Ausdauer und nehme mir vor, nachher das Kinderzimmer zu saugen. Telefoniere kurz mit meiner Mutter, solange die Kinder friedlich sind.

10.00 Uhr
Erkenne mit Missmut, dass der Wäschekorb schon wieder voll ist. Stecke den Schlafanzug noch dazu und suche im Kleiderschrank

Viele Kinder haben schwer erziehbare Eltern.
Jean-Jacques Rousseau

nach einer frischen Montur. Bin frustriert, weil manche Hosen immer noch nicht passen.

10.30 Uhr
Habe es geschafft, beide Kinder und mich selbst ausgehfertig anzuziehen. Lena hat sich zwar nur unter massiven Unmutsbekundungen die Mütze aufsetzen lassen, aber da muss sie durch. Zur Strafe hat sie meinen frisch gereinigten Mantel vollgespuckt. Wir gehen jetzt kurz einkaufen.

11.00 Uhr
Warum konstruiert eigentlich niemand einen familientauglichen Einkaufswagen? Meiner ist mit zwei Kindern bereits so voll, dass ich nur das Nötigste reinkriege. Eine ältere Dame sieht mich vorwurfsvoll an, weil sich zwei Packungen Knäckebrot auf Lenas Beinchen stapeln.

11. 30 Uhr
Die Strategie, erst die Einkäufe hoch zu tragen und dann die Kinder zu holen, hat sich bewährt. Maren hat Lena während der Wartezeit selbst komponierte Lieder vorgesungen. Hat irgendwo den Vers aufgeschnappt: »Meine Mutter hat nichts zu tun« – keine Ahnung, wo sie das gehört haben könnte. Ich sehe das jedenfalls total anders!

Kaum sind wir alle wieder in der Wohnung, fängt Lena an zu schimpfen. Wahrscheinlich hat sie wieder einmal einen Wachstumsschub. Lasse die Einkäufe liegen, werfe meinen Mantel in die Ecke und schicke mich wieder an zu stillen.

11.35 Uhr
Maren stolpert über eine Einkaufstüte und weint herzzerreißend. Kopple die Kleine von meinem Busen ab, um Maren zu trösten. Daraufhin weinen Lena und Maren herzzerreißend. Kann Maren dazu überreden, ihr ein Buch vorzulesen, während ich weiter stille.

12.00 Uhr
Eigentlich wollte ich heute mal wieder etwas Gesundes kochen, aber Gemüse schnippeln und Kartoffeln schälen schaffe ich jetzt nicht mehr, bevor Christof in die Mittagspause kommt. Zumal das Frühstück noch immer auf dem Tisch steht und ich erst die Spül-

maschine ausräumen muss, bevor ich das schmutzige Geschirr reintun kann. Also gibt es wieder Nudeln mit Soße, wenn es gut läuft auch noch Salat.

12.45 Uhr
Lena schläft und Maren spielt friedlich in ihrem Zimmer. Lege ich mich jetzt ins Bett und lese die Zeitung, so lange alles still ist, oder widme ich mich meinem vernachlässigten Haushalt? Überlege nur kurz und entscheide mich für die Zeitung. *Christina*

Wenn man nicht zu den Eltern gehört, deren Kinder stundenlang friedlich in der Wiege schlummern, muss man sich schon etwas einfallen lassen, damit man das bisschen Haushalt in den Griff bekommt.

Wichtigste (und für eine schwäbische Hausfrau wie mich schwierigste) Aufgabe dabei: die eigenen Ansprüche herunterschrauben. Ein Haushalt mit kleinen Kindern ist nicht mit den Hochglanzbildern von »Schöner Wohnen« kompatibel. Die Säuglingsphase ist dabei noch harmlos gegen das, was im Krabbelalter und später auf die Eltern zukommt. Kinder haben nun einmal die Eigenschaft, ihre Umgebung in Beschlag zu nehmen und während des Spielens mühelos in ein schöpferisches Chaos zu verwandeln. Weil kleine Kinder am liebsten da spielen, wo sich ihre Bezugspersonen aufhalten, hat man nur die Wahl, ständig im Kinderzimmer zu bleiben und den Haushalt sich selbst zu überlassen oder eine Spur von Spielsachen, angeknabberten Reiswaffeln und Spuckwindeln hinter sich herzuziehen.

Dieses Haus ist sauber genug, um gesund zu sein, und schmutzig genug, um sich darin wohl zu fühlen.
Alter Türspruch

Das Zweite: flexibel sein. Wer stur am Hausarbeitsplan klebt und unbedingt ein bestimmtes Pensum erreichen will, läuft Gefahr, die zauberhaftesten Momente des Babyalltags zu verpassen und das kleine Bündel Mensch nicht genießen zu können. Oder sogar die eigenen Bedürfnisse und die des Babys sträflich zu vernachlässigen. Wenn die Nacht schlecht war, kann es durchaus dringender geboten sein, sich mit dem Baby hinzulegen, als die schon lange fällige Bügelwäsche anzugehen. Auf der anderen Seite passiert es auch, dass das Baby unverhoffterweise einige Zeit schläft und man dann vor lauter unerledigten Aufgaben gar nicht weiß, wo man anfangen soll. Für solche Fälle ist eine Liste hilfreich, auf der man kontinuierlich aufschreibt, was alles zu tun ist. Dann kann man sich – je nach Dringlichkeit – aussuchen, was man gerade abhaken will.

Eine Erfahrung, die wir in diesem Zusammenhang gemacht haben: Schon kleine Babys sind glücklich, wenn man sie am Alltag teilnehmen lässt, anstatt sie in ihrem Bettchen abzulegen und zu warten, bis endlich mal Ruhe herrscht. Unsere Töchter waren jedenfalls beide über längere Zeit zufrieden, wenn wir beispielsweise in der Küche hantierten und sie dabei zuschauen konnten. Momentan richten wir einfach da einen Zuschauerplatz für Lena ein, wo wir gerade tätig sind. Sei es beim Schreiben, beim Schwitzen auf dem Heimtrainer, beim Ausräumen der Spülmaschine oder beim Mittagessen. Sie braucht das Gefühl, dabei zu sein, und genießt es besonders, wenn wir ihr auch noch erklären, was wir gerade so tun. Häufig schläft sie dann beim Zuschauen ein. *Christof*

Manchmal ist es sogar möglich, Haushalt und Zuwendung fürs Baby miteinander zu kombinieren. Der Fantasie sind hier kaum Grenzen gesetzt.

- ➜ Das Baby nackt strampeln lassen und nebenher das Bad putzen. Geht natürlich nur, so lange das Kind sich noch nicht drehen und vom Wickeltisch fallen kann.
- ➜ Dem Baby beim Zusammenlegen der Wäsche mit verschiedenen Stoffen sanft über das Gesicht streichen oder ihm unterschiedliche Kleidungsstücke in die Hand geben, wenn es schon greifen kann.
- ➜ Auch das Guguck-dada-Spiel lässt sich beim Zusammenlegen der Wäsche gut einbauen. Kinder ab 4–5 Monaten haben meistens großen Spaß daran, wenn man ihnen ein Wäschestück über den Kopf legt (»Wo ist denn das Baby? Wo ist es denn?«) und es dann langsam vom Gesicht zieht (»Daaaaa!«).
- ➜ Das Kind ins Tragetuch nehmen und dann ein Tänzchen mit dem Staubsauger wagen. Bei größeren Babys sind auch Ausritte auf dem Staubsauger sehr beliebt.

Ich zähle mich zu einer Vätergeneration, die keine Panikattacken bekommt, wenn sie den Auftrag erhält, für eine fünfköpfige Familie Lasagne zu kochen oder noch schnell das Treppenhaus zu putzen. Die meisten Tätigkeiten im Haushalt sind mir von Kindheit an vertraut. Ich mache jede Woche den Großeinkauf für die Familie und erledige eine Reihe regelmäßiger Routineaufgaben. Allerdings wird die Frau an meiner Seite nicht glücklich, wenn sie darauf wartet, dass ich von mir aus auf die Idee komme, die Fenster oder den Kühlschrank zu putzen. Ich nehme diese Notwendigkeiten erst sehr spät oder gar nicht wahr und bin froh, wenn das auch niemand von mir verlangt. Ich ziehe klare Aufträge einfach vor. *Christof*

Es sind Kleinigkeiten, die die Summe des Lebens ausmachen.
Charles Dickens

Ordnung schaffen

Es frustriert mich oft, dass man die Erfolge im Haushalt immer nur so kurz genießen kann. Kurze Zeit später besteht schon wieder Handlungsbedarf. Als besonders schlimm empfinde ich das beim Thema Ordnung. An manchen Tagen habe ich das Gefühl, außer Stillen, Wickeln und Aufräumen eigentlich nichts gemacht zu haben. Was kann man da tun? Eine endgültige Lösung haben wir leider auch noch nicht gefunden, aber manches hat sich in unserem Haushalt bewährt:

- ➜ Wie gesagt: Ansprüche herunterschrauben. Es befreit ungemein, nicht ständig hehren Hausfrauenidealen hinterherzurennen.
- ➜ Die Mutterschutzfrist vor der Entbindung nutzen, um gründlich auszumisten. Die meisten Mütter packt um diese Zeit sowieso der Nestbautrieb. Der neue Mensch braucht Platz! Alles, was man wegschmeißt, verschenkt oder verkauft, muss man nie mehr aufräumen.
- ➜ Ein Kisten-System einführen. Alles, was in einem gemeinsamen Kontext gebraucht wird, gemeinsam aufbewahren. Bei uns sind z. B. alle Babyjäckchen, das Tragetuch und Handschuhe für die Kinder in einem großen Korb im Flur untergebracht; neben Lenas Krabbeldecke steht eine Kiste für Babyspielzeug usw.
- ➜ Ordnungsoasen schaffen. Wohnzimmer und Küche sind meistens einigermaßen aufgeräumt, da wir ein gewisses Maß an Ordnung zum Wohlfühlen brauchen. Dafür kann es gut passieren, dass die Betten den ganzen Tag nicht gemacht werden und das Kinderzimmer ziemlich chaotisch aussieht – vom Arbeitszimmer ganz zu schweigen.
- ➜ Nur einmal am Tag richtig aufräumen statt den ganzen Tag hinterherräumen. Am sinnvollsten abends, wenn die Spielerei vorbei ist. Sobald das Kind alt genug dazu ist, kann es in das Aufräumen

einbezogen werden. Bauklötze in die Kiste schmeißen, Teddybär schlafen legen – in der Regel können Krabbelkinder ab neun Monaten da schon mitmachen. Oft sind sie in diesem Alter auch noch begeistert, Mama helfen zu können.

- ➜ Weniger ist mehr. Das trifft auch für die Menge an Spielzeug zu, die ein Kind braucht. Zu viel schafft nur Verwirrung und Unübersichtlichkeit. Anstatt das Kinderzimmer vollzustapeln, lieber eine Kiste mit Spielsachen in den Keller packen und nach ein paar Wochen austauschen.

Sauber machen

> *Ich suche mir einmal im Monat eine Woche aus, in der nicht so viel los ist, und nehme mir für jeden Werktag dieser Woche ein Zimmer vor, das etwas gründlicher aufgeräumt und geputzt wird. Dann kommt der Kleiderschrank dran, die Fenster werden wieder durchsichtig und die Spielsachen systematisch sortiert.* *Christina*

Wer sagt eigentlich, dass immer wieder freitags die gesamte Wohnung auf Hochglanz poliert und absolut blitzblank geputzt werden muss? Kinder brauchen keine keimfreie Umgebung, um gesund aufzuwachsen – im Gegenteil, übertriebene Hygiene ist wahrscheinlich mitverantwortlich für die Zunahme allergischer Erkrankungen. Das Immunsystem braucht sinnvolle Beschäftigung, sonst kommt es auf dumme Gedanken. Also:

- ➜ Wenn man den Sauger schon zur Hand nimmt: gleich alle Böden saugen, auch die glatten. Dafür nicht so oft nass wischen.
- ➜ Möglichst wenig verschiedene Putzmittel anschaffen. Schon gar keine scharfen Mittel, die desinfizierend wirken. Ein guter Allzweckreiniger tut es in der Regel.
- ➜ Ungefähr alle zwei Wochen etwas Zeit fürs Standard-Putzprogramm einplanen. Möglichst den Partner mit einbeziehen. Vier Hände schaffen mehr als zwei! Sich hinterher eine Belohnung gönnen.
- ➜ Konkrete, erreichbare Ziele setzen. Nicht: »Jemand sollte sich mal wieder um die Garage kümmern!« (dann kann man getrost davon ausgehen, dass sich in den nächsten Wochen in der Garage sicher-

lich nichts tun wird), sondern: »Morgen werde ich mir 20 Minuten Zeit nehmen, um den alten Karton, der in der Garage steht, zu zerkleinern, zum Altpapier zu bringen und die Garage zu fegen.«

→ Wenn es sich mit dem Geldbeutel verträgt: eine Putzhilfe einstellen. Zwei bis drei Stunden pro Woche reichen schon, um eine deutliche Entlastung zu schaffen und das ständige schlechte Gewissen, wieder nicht geputzt zu haben, zu vertreiben.

Erziehung ist der Versuch, Kinder davon abzuhalten, die Erwachsenen nachzuahmen.
Robert Lembke

Wäscheberge bewältigen

Was mich als frisch gebackene Mutter des zweiten Kindes am meisten beschäftigt, sind die sich unablässig auftürmenden Wäscheberge. Unsere große Tochter ist zwar gerade trocken geworden, so dass die Belastung durch versehentlich nassgepinkelte Kleidung nachgelassen hat – das neue Lebewesen in unserer Familie besitzt jedoch die Eigenschaft, sich selbst und ihre Umgebung in regelmäßigen Abständen mit kleineren Mengen seines Mageninhalts zu überschütten. Außerdem leert Lena als überzeugte Anhängerin des Nacktpinkelns ihre Blase bei jeder sich bietenden windelfreien Gelegenheit, sodass die Wickelunterlage oft drei Mal am Tag gewechselt werden muss. Also fallen pro Woche locker fünf bis sechs Waschmaschinenladungen an. Immer wenn ich gerade den Dreckwäschesack geleert habe und meine, für diese Woche fertig zu sein, kommt ein neuer Schwung dazu. Dass ich die ersten zwei Monate mit Stoff gewickelt habe, erleichterte die Sache auch nicht unbedingt. Ohne die tatkräftige Mithilfe meines Wäschetrockners hätte ich wahrscheinlich schon lange die Segel gestrichen. *Christina*

Damit Sie nicht im Wäschechaos ersticken:

→ Wäschevermeidung ist das Gebot der Stunde. Ein Spucktuch über der Schulter schont zumindest theoretisch die eigene Kleidung. Leider beschränkt sich der Spuckradius des Babys aber meistens nicht auf die Tuchfläche. Oft genügt es bei leichten Spuckspuren auch, sie mit einem feuchten Tuch auszureiben und das Kleidungsstück ein paar Stunden zu lüften.

- ➜ Ein Latz fürs Baby (am besten einer zum Durchschlüpfen), während und nach den Mahlzeiten umgelegt, kann das dauernde Umziehen wegen nassgesabberter und säuerlich miefender Strampelanzüge stoppen.
- ➜ Platzieren Sie Spucktücher oder Handtücher an strategisch günstigen, festen Stellen. Am sinnvollsten da, wo Sie meistens stillen oder das Baby nach den Mahlzeiten hinlegen, damit Sie nicht dauernd neue aus der Schublade holen müssen.
- ➜ Bei Kindern, die sehr häufig spucken, kann auch ein Kittel gute Dienste leisten.
- ➜ Versuchen Sie, sich an einem Tag in der Woche hauptsächlich auf Wäsche zu konzentrieren. Erledigen Sie die Bügelwäsche einer Woche an einem Termin pro Woche – ich mache mir meistens einen Bügel-Fernseh-Abend. So vermeiden Sie, dass immer Wäschekörbe in der Gegend herumstehen.
- ➜ Wenn Sie die Wäsche gleich nach Kochwäsche/Buntwäsche und hell bzw. dunkel mithilfe verschiedener Behälter vorsortieren, kann die Wäsche direkt in die Maschine gesteckt werden, ohne dass Sie in einem Wust von schmutziger Kleidung nach den passenden Stücken für eine Maschinenladung wühlen müssen.
- ➜ Ein Trockner ist wirklich eine große Arbeitserleichterung – allerdings frisst er auch einiges an Energie. Wenn man die Wäsche direkt nach dem Trocknen zusammenlegt, fällt dafür deutlich weniger Bügelwäsche an.

Eltern verzeihen ihren Kindern die Fehler am schwersten, die sie selbst ihnen anerzogen haben.
Marie von Ebner-Eschenbach

Auch in anderer Hinsicht machen mir Wäscheberge zu schaffen: Dem rasanten Wachstum Lenas entsprechend, müssen dauernd zu kleine Kleider aussortiert und andere in der richtigen Größe herangeschafft werden. Um da die Übersicht nicht zu verlieren, habe ich stabile Kartons im Keller deponiert, und zwar für jede Größe einen. So können wir problemlos Kleider, aus denen das Baby herausgewachsen ist, ablegen und außerdem Kleider, die auf Zuwachs gekauft oder geschenkt wurden, so lange aufbewahren, bis das Kind die passende Größe erreicht hat. Spätestens beim zweiten Kind lohnt sich der Aufwand auf jeden Fall. Auch wenn man die Kinderklamotten verschenken oder eventuell verkaufen will, ist es praktisch, wenn sie schon nach Größe sortiert sind. *Christina*

Einkäufe erledigen

Als Maren auf die Welt kam, war der Supermarkt gut mit dem Kinderwagen erreichbar. Da man damit nicht so viel transportieren kann, ging ich oft im Zuge des täglichen Spaziergangs einkaufen und überlegte mir dann auch gleich, was ich heute kochen wollte. Meistens traf man unterwegs noch andere junge Mütter und konnte so das Defizit an Kommunikation mit anderen Erwachsenen etwas ausgleichen. Mit zwei Kindern im Gepäck vermeide ich es jedoch möglichst, einkaufen zu gehen. Ich schicke Christof mit Maren zum Wocheneinkauf und gehe selbst nur, wenn ich etwas ganz dringend brauche. *Christina*

➜ Wenn für Sie das Einkaufen auch ein Stück dringend benötigter Kontakt zur Außenwelt bedeutet: Gehen Sie weiter in den Supermarkt, wenn Ihnen die Decke auf den Kopf fällt. Notfalls mehrmals täglich – auch wenn es unter ökonomischen Gesichtspunkten nicht besonders sinnvoll ist.

➜ Ansonsten ist Einkaufen eine Tätigkeit, die Männer häufig gerne erledigen. Schicken Sie Ihren Partner mit dem Baby und einer Einkaufsliste los und genießen Sie die Zeit, die Sie für sich alleine haben.

➜ Schreiben Sie alles, was im Haushalt fehlt, gleich auf eine Liste und nehmen Sie die zum nächsten Einkauf mit. Insbesondere während der Stillzeit ist frau sehr vergesslich. Sonst kann es passieren, dass Sie ziellos im Laden herumirren und gar nicht mehr wissen, was Sie eigentlich besorgen wollten.

Kochen

Dieser Aspekt des Familienmanagements bereitet mir am wenigsten Kopfzerbrechen. Ich koche gern und betrachte es oft als Herausforderung, innerhalb einer halben Stunde ein gesundes, frisches und schmackhaftes Essen auf den Tisch zu bringen. Meistens klappt es, manchmal geht aber auch alles daneben. Ein paar Tricks machen auch hier das Leben leichter.

➜ Tiefgekühltes, küchenfertiges Gemüse spart eine Menge Putz- und Schnippelarbeit und hat mindestens genau so viele Vitamine wie frisches.

- → Nur alle zwei Tage kochen, indem man gleich die doppelte Menge zubereitet.
- → Wenn es mal schnell gehen muss: Tiefkühlgericht oder Dose aus dem Vorrat auf den Tisch und gegebenenfalls durch Nachtisch oder Salat ergänzen.
- → Kreative Resteverwertung betreiben – besonders geeignet sind Eintöpfe, Kartoffel-, Nudel- oder Reispfannen.
- → Ein inspirierendes Kochbuch vertreibt kulinarische Langeweile und hilft beim Planen für die Woche.

Eine Auswahl an gesunden, schnellen und stillfreundlichen Rezepten findet sich im letzten Kapitel.

Kapitel 10

Partnerschaft: Zufriedene Eltern – zufriedenes Baby

In diesem Kapitel erfahren Sie …

- → *wie Sie das Stimmungstief nach der Geburt bewältigen*
- → *was sich ändert, wenn aus Paaren Eltern werden*
- → *wie sich Vater und Mutter gegenseitig unterstützen können*
- → *was Sie tun können, damit Ihre Partnerschaft nicht austrocknet*
- → *dass es auch nach der Schwangerschaft noch Sex gibt*

Der Baby-Blues

In den Tagen nach der Geburt befindet frau sich im hormonellen Ausnahmezustand: Die Konzentration von Schwangerschaftshormonen sinkt dramatisch ab, während die des Stillhormons schlagartig zunimmt. Kein Wunder, dass da die Seele manchmal nicht so ganz mitkommt. Viele Frauen leiden nach der Entbindung unter ausgeprägten Stimmungsschwankungen. Berüchtigt ist der so genannte Baby-Blues um den dritten Wochenbetttag.

> Nach der ersten Entbindung erhielt unsere kleine Maren wegen eines Magen-Darm-Infekts Infusionen. Ich stand an ihrem Bettchen und war stundenlang nur am Heulen. Ich fühlte mich total überfordert und hatte das Gefühl, die Verantwortung für das Leben, das wir da in die Welt gesetzt hatten, überhaupt nicht tragen zu können.
>
> Beim zweiten Mal konnten wir nach der Geburt gleich wieder nach Hause gehen. Der Baby-Blues war lange nicht so ausgeprägt, ich war »nur« ein bisschen gereizt und fühlte mich von Christof nicht genügend unterstützt.
>
> Christina

Für den Ehepartner ist es nicht ganz einfach, die Gefühlslage der Mutter als hormonell bedingt einzustufen und sie trotzdem ernst zu nehmen. Es wird wahrscheinlich unnütze Streitigkeiten verhindern, wenn Sie ein paar Dinge beachten:

- Verkneifen Sie sich den Satz: »Das sind nur die Hormone, Schatz. Das geht vorbei.«
- Achten Sie darauf, dass in den ersten Tagen nach der Geburt nicht zu viel Trubel herrscht.
- Nehmen Sie Ihrer Frau so viel wie möglich ab! Wenn Ihnen ein bisschen der Blick dafür fehlt, was erledigt werden muss, dann lassen Sie sich ruhig von Ihrer Partnerin eine Liste schreiben, auf der sich u. a. finden könnte: einkaufen gehen, überquellende Windeleimer leeren, Bett neu beziehen, das quängelige Baby herumtragen, Geburtsanzeige entwerfen, etwas Leckeres kochen (oder bestellen), mit den Geschwisterkindern einen Ausflug unternehmen etc.
- Erzählen Sie Ihrer Frau, wie Sie die Geburt erlebt haben, und sagen Sie Ihr, dass Sie stolz auf sie sind.

Gegen den Baby-Blues ist kein Kraut gewachsen. Man muss einfach durch. Wenn die ersten Wochen vorbei sind, stabilisiert sich mit dem Hormonspiegel normalerweise auch die psychische Verfassung der Mutter. Sollten Sie sich jedoch auch noch Wochen nach der Geburt ständig niedergeschlagen, gestresst und nah an den Tränen fühlen, könnte es sein, dass Sie unter einer so genannten postnatalen Depression leiden. Sie kommt relativ häufig vor und kann normalerweise gut therapiert werden. Wenden Sie sich in einem solchen Fall also unbedingt an einen Arzt.

Ein Kind ist sichtbar gewordene Liebe.
Novalis

Wenn aus Paaren Eltern werden

Die ersten Wochen und Monate mit dem Neuankömmling können so viele neue Aufgaben und Veränderungen mit sich bringen, dass Sie alle Ihre Kräfte darauf konzentrieren müssen. Möglicherweise fehlt Ihnen nichts, weil Sie gar keine Zeit haben, darüber nachzudenken, und sich vollkommen ausgelastet fühlen. Doch irgendwann werden Sie merken, dass das Leben nicht nur aus Wickeln, Stillen und dem Auswaschen von Spuckflecken besteht. Vielleicht erinnern Sie sich daran, dass Sie auch noch eine Ehe geführt haben, bevor das Baby kam ...

Sicherlich kann so ein gemeinsames Projekt »Baby« zusammenschweißen: Sie unterstützen sich gegenseitig, tragen gemeinsam die neue Verantwortung, diskutieren darüber, was das Baby jetzt brauchen könnte; Sie freuen sich an der Entwicklung Ihres Nachwuchses, Sie liegen zu dritt im Bett und fühlen sich als Familie. Studien beweisen, dass Kinder auf Dauer gesehen ein stabilisierender Faktor für Ehen sind. Beziehungen von Eltern gehen seltener zu Bruch als die Ehen kinderloser Paare.

Trotzdem ist das erste Jahr mit dem Baby nicht frei von Spannungen. In der Väterstudie des Familienministeriums zeigten sich die meisten Paare vor der Geburt zufriedener in ihrer Partnerschaft als sechs Monate danach. 20 Monate später erreichte der Zufriedenheitspegel einen weiteren Tiefpunkt. Die neue Lebenssituation bringt zahlreiche neue Herausforderungen mit sich, unter denen die Zweisamkeit ganz offensichtlich leidet. Plötzlich ist man nicht mehr flexibel. Spontan einfach ins Kino oder essen zu gehen, ist nicht mehr drin. Die frisch gebackenen Eltern sind mit einem Mal für ein Menschenkind verantwortlich, das rund um die Uhr betreut werden muss. Das kann an den Kräften zehren. Manch einer sehnt sich da heimlich oder auch ganz offen nach den unbeschwerten Zeiten vor dem Baby zurück.

Wunsch und Wirklichkeit

Doch zunächst ist es wichtig, die neue Rolle und Aufgabe anzunehmen und die schönen Seiten dieses ganz anderen Lebens zu sehen. Das macht vielen Paaren Schwierigkeiten. Besonders problematisch wird es, wenn sich die Erwartungen an den Ehepartner nicht erfüllen. Viele Paare planen, sich die Aufgaben partnerschaftlich zu teilen, wenn das Baby da ist. Doch dann kommt es bei den allermeisten doch wieder zur traditionellen Arbeitsteilung, wie in der Väterstudie festgestellt wird: Die Mutter nimmt eine berufliche Babypause und widmet sich hauptsächlich Nachwuchs und Haushalt, der Vater geht weiterhin seinem Beruf nach. Viele Frauen fühlen sich dann isoliert und allein gelassen. Für sie hat sich alles geändert, während ihr Mann so weiter macht wie bisher – zumindest fühlt es sich so an. Solche enttäuschten Erwartungen können geradezu einen Keil zwischen Mann und Frau treiben.

Hier einige Tipps, die zu einer entspannteren Partnerschaft in der Babyphase beitragen können:

- ➜ Zunächst einmal sollten sich Mutter und Vater über ihre Erwartungen und Enttäuschungen klar werden und offen darüber sprechen – möglichst ohne gegenseitige Vorwürfe. Senden Sie Ich-Botschaften (»Ich fühle mich schlecht, wenn ...«). Vermeiden Sie Pauschalisierungen wie »Nie hilfst du mir ...«
- ➜ Der zweite Schritt heißt dann, klare und realistische Abmachungen zu treffen, z. B.: Ich stehe nachts auf, dafür hältst du mir am Wochenende den Rücken frei. An diese Vereinbarungen sollten sich die Partner unbedingt halten. Wenn das nicht möglich ist, sollte verhandelt werden.

Bei uns hat es sich so eingebürgert, dass wir die Kinder abends abwechselnd ins Bett bringen – einmal Christof, einmal ich. Wenn Not am Mann ist, helfen wir uns auch gegenseitig mal aus. Ich finde es ungemein entspannend zu wissen: »Heute bin ich nicht dran«; ich genieße es, die Gute-Nacht-Gespräche nur von Ferne mitzuhören und ansonsten zu tun, was ich will. *Christina*

- → Grundsätzlich kann es für Paare sehr hilfreich sein, sich Tipps bei erfahrenen Ehepaaren zu suchen. Vielleicht finden Sie ein Ehepaar, das sich Ihnen ganz bewusst als Mentor zur Verfügung stellt.
- → Überfordern Sie sich nicht mit anderen Aktivitäten wie Hausbau, Beruf oder ehrenamtlichen Tätigkeiten. Baby und Partnerschaft brauchen viel Zeit!
- → Gönnen Sie sich ab und zu gegenseitig »kinderfrei«. Sagen Sie zu Ihrem Partner: »Ich nehme das Baby, und du kannst das tun, was dir gut tut!« Das kann für eine Stunde sein oder auch einen ganzen Tag dauern. Wichtig: Auch die Mutter sollte die Chance haben, Zeiten ohne Baby zu erleben!

Gegenseitige Unterstützung

Wenn vorher beide berufstätig waren und jetzt nur noch einer von beiden, dann driften die Lebenswelten automatisch ein Stück auseinander. Die Herausforderungen des Tages sind für die Partner völlig unterschiedlich. *Entscheidend ist jetzt, die Leistung des anderen anzuerkennen.* Eine mehrköpfige Familie zu ernähren, ist kein Pappenstiel. Ein Baby groß zu ziehen und gleichzeitig noch einen Haushalt zu führen, schon gar nicht. Man kann sich gegenseitig das Leben zur Hölle machen, indem man sich beneidet und die Aufgabe des anderen herunterspielt. Man kann aber auch gegenseitig unterstützen und gemeinsam Defizite ausgleichen, um Baby- und Berufsalltag zu bewältigen.

Der Heiterkeit sollen wir, wann immer sie sich einstellt, Tür und Tor öffnen; denn sie kommt nie zur unrechten Zeit.
Arthur Schopenhauer

Bei den nachfolgenden Tipps gehen wir davon aus, dass sich die Frau hauptsächlich dem Baby widmet, während der Mann voll weiterarbeitet. Wenn Sie zu den wenigen Paaren gehören, bei denen es anders ist, können Sie das Ganze sicherlich für sich anpassen.

Speziell für Mütter:

- → Stillen können Männer zwar nicht, aber ansonsten sollten sie voll in die Versorgung des Babys mit einbezogen werden. Wickeln, baden, aufstoßen lassen, Bäuchlein massieren, schmusen, spazieren gehen – all das ist genauso Väter- wie Müttersache.

Babys brauchen keinen Vater, die Mütter brauchen ihn. Wer sich um ein Baby kümmert, braucht selbst Fürsorge.
Amy Heckerling

- Besorgte Mütter stehen in der Gefahr, ihren Mann im Umgang mit dem Baby ständig zu korrigieren. Das wird auf Dauer dazu führen, dass Männer sich ganz aus der Kinderbetreuung heraushalten. Frauen und Männer gehen unterschiedlich mit Kindern um, und das ist gut so. Lassen Sie Ihren Mann am besten alleine mit dem Baby »wursteln«, verlassen Sie das Zimmer und machen Sie die Tür zu!
- Sprechen Sie mit Ihrem Mann nicht nur über Ihr Baby.
- Lassen Sie Ihren Mann spüren, dass Sie nicht nur die Mutter seines Kindes, sondern auch seine Ehefrau sind.
- Ermöglichen Sie Ihrem Mann, auch Freundschaften außerhalb der Familie zu pflegen. Gönnen Sie ihm seine außerhäuslichen Aktivitäten.

Speziell für Väter:

- Schicken Sie Ihre Frau für zwei bis drei Stunden mit ihrer Freundin zum Einkaufen, und jammern Sie hinterher nicht, wie schrecklich es war, alleine mit dem Baby klarzukommen.
- Greifen Sie zum guten alten Blumenstrauß, um Ihre Wertschätzung zu zeigen.
- Fragen Sie ab und zu, wenn Sie nach der Arbeit nach Hause kommen, ob Sie im Haushalt noch etwas helfen können, anstatt sich gleich auf die Zeitung zu stürzen.
- Sagen Sie Ihrer Frau, dass Sie eine tolle Mutter ist.
- Sprechen und spielen Sie viel mit Ihrem Baby – das macht auch die Mutter glücklich.
- Zeigen Sie zu Hause Präsenz. Der Alltag mit dem Baby kann sehr einsam sein. Ein ständig abwesender Vater verschärft das Problem! Wenn Sie an fünf von sieben Abenden unterwegs sind, läuft etwas falsch!
- Nehmen Sie Ihren Beruf ernst, aber machen Sie sich kein schlechtes Gewissen, wenn Ihre Arbeitsleistung nach einer durchwachten Nacht sinkt. Das ist völlig normal.
- Zeigen Sie Ihrer Frau kontinuierlich, dass sie die Verantwortung fürs Baby nicht alleine trägt, auch wenn sie mehr Zeit mit dem Kind verbringt.

Wir haben immer wieder erlebt, dass besonders dann Konflikte auftauchen, wenn ich von der Arbeit nach Hause komme. Christina ist froh, dass ich endlich da bin, und würde mir am liebsten gleich das quengelnde Baby in den Arm drücken. Unsere ältere Tochter Maren freut sich, dass ihr Papa zu Hause ist, und möchte mir gleich ihr neuestes Kunstwerk zeigen. Und ich möchte den spannungsvollen Arbeitstag gerne erst einmal beim Zeitunglesen sacken lassen. Unsere Lösung sieht ungefähr so aus: Maren zeigt mir ihr Kunstwerk. Danach lese ich ein Viertelstündchen die Zeitung und kümmere mich dann um die Familie. Wenn klar ist, dass der Papa nach einer vorher vereinbarten Zeit wieder hinter der Zeitung auftaucht, ist alles halb so schlimm. *Christof*

Achtung – babyfreie Zone!

Manche Paare legen ihre Beziehung über Monate und Jahre hinweg regelrecht auf Eis. Sie unternehmen nichts mehr gemeinsam, gehen abends nicht mehr aus, schneiden sich vom sozialen Leben komplett ab, und auch die gemeinsamen Abende zu Hause werden nicht wirklich gestaltet. Als Erklärung wird dann das Baby vorgeschoben: »Wer ein kleines Kind hat, muss eben Opfer bringen.«

Natürlich fordert ein Baby Opfer. Aber genauso gilt: Selbst die beste Partnerschaft trocknet irgendwann aus, wenn sie nicht gepflegt wird. Und das ist ganz sicher nicht im Sinne des Kindes. Die Familienforschung zeigt, dass Kinder von einer guten Partnerschaft ihrer Eltern immens profitieren. Deshalb ist es wichtig, dass Sie neben dem Leben zu dritt auch wieder die wertvolle Zeit zu zweit entdecken.

Das wird Ihnen in vielerlei Hinsicht leichter fallen, wenn Ihr Kind einen einigermaßen zuverlässigen Schlafrhythmus hat, nicht erst um 23.00 Uhr einschläft und sich Ihre Nächte einigermaßen erträglich gestalten. Solange das nicht der Fall ist, besteht die Gefahr, dass Sie bei Ihren Eheabenden den Kampf gegen die Müdigkeit verlieren und die Schmusestunden von Babygeschrei jäh unterbrochen werden. Aber vor allem werden Sie kaum einen Babysitter finden.

Auf Dauer gesehen ist es unserer Erfahrung nach für die Partnerschaft wichtig, dass ab etwa 20.00 Uhr Ruhe im Kinderzimmer herrscht. Einem vier Wochen alten Baby sollte man das auf keinen

Fall aufzwingen – die meisten Neugeborenen konzentrieren ihre Aktivität ja auf die Abendstunden –, aber man kann kontinuierlich darauf hinarbeiten, indem man das Baby Tag für Tag ein bisschen früher ins Bett bringt.

Aber auch wenn das noch nicht funktioniert, können Sie Ihre Ehe gestalten. Irgendwann schläft jedes Baby. Wenn Sie vorher wissen, was Sie machen möchten, kann Ihnen eine halbe Stunde Ruhe schon eine Menge gemeinsamer Aktivitäten erlauben. Hier sind einige Möglichkeiten:

- gemeinsam ein Bad nehmen
- sich gegenseitig ein Buch vorlesen
- ein Gespräch führen, das sich nicht nur ums Baby dreht
- sich gegenseitig verwöhnen, z. B. mit einer Massage
- eine schöne Mahlzeit beim Pizzadienst oder Chinesen bestellen und das Essen zu zweit genießen
- zusammen spielen – es gibt mittlerweile tolle Gesellschaftsspiele für zwei Personen
- einen schönen Videofilm ausleihen.

Wichtig ist, dass Sie bei all diesen Unternehmungen nicht ständig darüber nachdenken, wann das Baby wieder aufwachen könnte. Die Aufwachphase eines Babys kann sich so lange hinziehen, dass Sie währenddessen noch gut ein Vollbad nehmen können!

Solange Ihr Baby abends nicht zu einer festen Zeit ins Bett gebracht wird, können Sie auch einmal ausprobieren, es abends zu einer Feier oder zum Essen gehen einfach mitzunehmen. Grundsätzlich brauchen Babys ein stabiles Umfeld und feste Rituale, aber ab und zu schadet ein bisschen Abwechslung ganz bestimmt nicht. Wir haben die Erfahrung gemacht, dass Babys am pflegeleichtesten sind, wenn sie viel zu gucken haben, also zum Beispiel bei geselligen Anlässen. Natürlich ist das von Baby zu Baby unterschiedlich, aber einen Versuch sicherlich wert.

Ausgehen mit allem drum und dran

Für unsere Beziehung ist es wichtig, dass wir hin und wieder etwas zu zweit unternehmen können. Wir sind in der glücklichen Lage, nahe Verwandtschaft im Haus zu haben, und waren deshalb schon wenige

Wochen nach der Geburt unseres Babys wieder zu zweit Essen oder sind zusammen ins Kino gegangen. Unserer Erfahrung nach sind die meisten Omas und Tanten – manchmal auch Opas oder Onkel – gar nicht so unglücklich, wenn sie ein bisschen Zeit mit dem Baby allein verbringen können. Sollte das Kind in dieser Zeit wach werden, dann haben sie immerhin etwas von ihrem Enkel/ihrer Enkelin.

Wenn bei Ihnen keine Verwandtschaft in der Nähe wohnt, dann suchen Sie zielstrebig einen Babysitter in Ihrem Bekanntenkreis. Häufig sind Teenager dankbar, wenn sie ihr Taschengeld aufbessern können.

Hier ein paar Tipps in Sachen Babysitter:

→ Sie sollten Vertrauen zu Ihrem Babysitter haben, sonst werden Sie einen unruhigen Abend auswärts verbringen.
→ Ihr Babysitter muss auch Vertrauen zu Ihnen haben und Probleme offen ansprechen können, sonst werden Sie nicht informiert, wenn irgendetwas daneben ging.
→ Es ist gut, wenn der potenzielle Babysitter seinen zukünftigen Schützling kennen lernt, wenn die Eltern dabei sind. Laden Sie Ihren Kandidaten also erst einmal zum gemeinsamen Kaffeetrinken und Spielen ein.
→ Bringen Sie Ihr Kind möglichst selbst ins Bett – der Babysitter soll aber ruhig schon dabei sein. Falls es nachts aufwacht, kommt zu dem Schreck, dass Sie nicht da sind, nicht auch noch das Erlebnis, einer völlig fremden Person »ausgeliefert« zu sein.
→ Lassen Sie Ihren Babysitter in seine Aufgabe »hineinwachsen«, und steigern Sie die Zeitspanne Ihrer Abwesenheit von Mal zu Mal.
→ Hinterlassen Sie dem Babysitter immer eine Liste mit Telefonnummern. Darauf steht zu allererst Ihre Handynummer oder die Nummer, unter der Sie zu erreichen sind. Aber auch Alternativnummern sollten angegeben werden, falls Sie nicht zu erreichen sind, ebenso die wichtigsten Notrufnummern, z. B. der ärztliche Notdienst.
→ Wenn Sie keinen geeigneten Babysitter finden, gibt es auch noch die Möglichkeit, sich als Familien gegenseitig auszuhelfen. Dann ist Papa Meier am Samstagabend bei den Kindern von Familie Müller. Dafür kommt Mama Müller am darauf folgenden Freitag zu den Meiers und passt auf die Kinder auf.

»Herzlichen Glückwunsch!« telegrafiert der frisch gebackene Vater seinen Eltern. »Ihr seid soeben Babysitter geworden!«

→ Neuerdings gibt es auch Babyphone (Funknetz PMR446), die über mehrere Häuserblocks hinweg guten Empfang bieten. Vielleicht reicht es ja bei Ihnen bis zum Italiener an der Ecke.

Sex nach der Schwangerschaft

In der Literatur geht es meist ums Sex-miteinander-Haben und weniger ums Kinder-Haben. Im Leben ist es umgekehrt.
David Lodge

Für manche Paare ist Sex schon während der Schwangerschaft ein Problem – und wie sieht es danach aus? Es wird nicht besser. Zuerst einmal müssen die Geburtswunden heilen, bevor die Frau wieder Freude am Sex haben kann. Das ist in der Regel spätestens nach sechs bis acht Wochen der Fall.

Doch auch dann kehrt die Lust nicht unbedingt zurück. Durch das einschneidende Erlebnis der Geburt und das Stillen verändert sich die Sexualität. Manche Frauen empfinden die körperliche Nähe zum Baby als völlig ausreichend – es fällt ihnen schwer, aus der Mutterrolle zeitweise auszusteigen und wieder Geliebte zu sein. Der ausgeleierte Bauch trägt auch nicht gerade dazu bei, sich attraktiv und begehrenswert zu fühlen. Und manchen Männern geht es ähnlich. Sie können ihre Frau nicht mehr als sexuelles Wesen wahrnehmen, sie sehen nur noch die Mutter ihres Babys.

Hinzu kommt, dass während der Stillphase die Östrogene knapp sind, was bedeutet, dass die Scheide nicht so leicht feucht wird. Dadurch kann das Eindringen des Penis als schmerzhaft empfunden werden, obwohl die Wunden gut verheilt sind. Auch ein schlecht verheilter Dammschnitt oder Dammriss kann Beschwerden verursachen.

Zu diesen körperlichen und psychischen Schwierigkeiten gesellen sich möglicherweise widrige Umstände. Babys kommen mit einem Schlafrhythmus zur Welt, der sich nicht um Tag und Nacht schert. Der romantische Abend zu zweit kann empfindlich gestört werden, wenn ein schreiendes Baby die Aufmerksamkeit der beiden Liebenden auf sich zieht. Wenn es dann endlich schläft, sind die Eltern häufig nicht mehr zu leidenschaftlichen Gefühlen in der Lage. Schließlich wartet eine schwierige Nacht auf sie. Und ihr Schlafdefizit ist von den Nächten davor sowieso schon ziemlich ausgeprägt.

Was kann man tun?

→ Oberstes Prinzip: Setzen Sie sich nicht unter Druck. Lassen Sie sich Zeit. Erwarten Sie in dieser Phase keine sexuellen Höchstleistungen von sich oder Ihrem Partner.

- Weder Frauen noch Männer sind allzeit bereit! Gerade in den intensiven und spannungsvollen ersten Monaten mit dem Baby kann das sexuelle Verlangen zurückgehen. Wenn Sie keine Lust haben, miteinander zu schlafen, beschränken Sie sich eben darauf, Zärtlichkeiten auszutauschen. Irgendwann wird die Lust wiederkommen.
- Es kann auch helfen, einen koitusfreien Zeitraum zu vereinbaren, z. B. zwei Wochen, um Raum zu schaffen für Zärtlichkeit, die nicht auf ein bestimmtes Ziel ausgerichtet ist.
- Gerade wenn Frauen sich aufgrund körperlicher Veränderungen durch Schwangerschaft und Geburt unattraktiv finden, können die Zärtlichkeiten des Mannes ihr ramponiertes Selbstvertrauen aufbessern.
- Männer spüren die Zuneigung ihrer Frau vor allem in der Sexualität. Wenn die Frau also kein sexuelles Verlagen hat, kann das beim Mann das Gefühl auslösen, er werde nicht geliebt. Dann ist es für die Frau wichtig, andere Wege zu finden, um ihm ihre Zuneigung zu zeigen. Der Mann sollte sich klar machen, dass die Lustlosigkeit seiner Frau nichts mit mangelnder Liebe zu tun hat, auch wenn es sich so anfühlt.
- Benutzen Sie ein Gleitmittel, um dem Feuchtigkeitsmangel der Scheidenschleimhäute abzuhelfen.
- Probieren Sie bei Problemen mit dem Damm eine andere Stellung aus, bei der die empfindlichen Stellen nicht so stark belastet werden.
- Eine Geburt kann das sexuelle Empfinden einer Frau stark verändern. Was vorher erotisch war, empfindet die Frau plötzlich als unangenehm – oder umgekehrt. Auch hier gilt in erster Linie: darüber reden, ohne sich Vorwürfe zu machen. Die Frau kann dabei durchaus auch initiativ werden und dem Mann zeigen, was sie als angenehm empfindet.
- Wenn Sex auch drei Monate nach der Schwangerschaft und trotz aller Gleitmittel für die Frau schmerzhaft ist, sollte der Frauenarzt aufgesucht werden. Möglicherweise kann ein Eingriff Abhilfe schaffen.
- Bleiben Sie Ihrem Partner treu, auch wenn es eine Zeit lang sexuell nicht gut läuft. Die Geduld wird sich irgendwann auszahlen. Dass sich sexuelle Begierde nicht beherrschen lässt, ist ein schwer auszurottender Mythos. Weder Männer noch Frauen sind ihrem Trieb willenlos ausgeliefert. Es gibt immer einen Punkt, an dem eine Entscheidung für oder gegen den Seitensprung gefällt wird.

Glück ist nur, dass man sich findet. Dass man sich behält, ist harte Arbeit.
Lore Lorentz

Grundsätzlich gilt für die Zeit nach der Schwangerschaft, was sonst auch gilt: Beziehungsstörungen sind ein Intimitätskiller. Wenn Sie auch Monate nach der Schwangerschaft nicht zueinander finden, sollten Sie unbedingt professionelle Hilfe in Anspruch nehmen. Das ist kein Zeichen von Schwäche. Die Sicht eines Außenstehenden kann helfen, Störungen zu erkennen, für die man selbst betriebsblind ist. Adressen, an die Sie sich wenden können, finden Sie im Anhang dieses Buches.

Der Humor ist der Regenschirm der Weisen.
Erich Kästner

Verhütung

Auch die Angst vor einer erneuten Schwangerschaft kann dazu führen, dass die Lust auf intime Nähe auf sich warten lässt. War das Thema Verhütung vor und während der Schwangerschaft nicht auf der Tagesordnung, muss man sich über diesen Punkt jetzt wieder Gedanken machen. Es ist wichtig zu wissen, dass auch voll stillende Mütter schwanger werden können, bevor die Periode wieder eingesetzt hat. Das Stillhormon Prolaktin unterdrückt zwar den Eisprung, aber schon während einer Stillpause von mehr als vier Stunden kann es sein, dass dieser natürliche Empfängnisschutz versagt. Nur in den ersten sechs Wochen nach der Entbindung kann man sicher davon ausgehen, dass keine erneute Schwangerschaft eintritt.

→ Kondome eignen sich während der Stillzeit besonders gut als Verhütungsmittel, da sie nicht in den Hormonhaushalt der Mutter eingreifen.
→ Auch die Pille und andere hormonhaltige Verhütungsmittel sind einsetzbar. Allerdings kann es zur vorübergehenden Minderung der Milchmenge kommen.
→ Die so genannte natürliche Empfängnisregelung (eine Kombination aus morgendlicher Temperaturmessung und Beobachtung des Zervixschleims, mit der man feststellen kann, ob ein Eisprung stattgefunden hat) kann zwar angewendet werden, aber diese Methode empfiehlt sich vor allem für Frauen, die auch vor der Schwangerschaft schon Erfahrungen damit gemacht haben.
→ Am besten ist es, Sie nutzen den Frauenarztbesuch, der sechs bis acht Wochen nach der Entbindung ansteht, um sich entsprechend zu informieren.

Kapitel 11

Kontakt zur Außenwelt

In diesem Kapitel erfahren Sie ...

- → ***wie Sie Kontakte zu anderen Eltern knüpfen können***
- → ***wie Sie den »Konkurrenzvirus« in den Griff bekommen***
- → ***wie Sie Freundschaften aufbauen und pflegen***
- → ***warum Kinder ihre Großeltern brauchen***
- → ***wie Sie Ihren beruflichen Wiedereinstieg vorbereiten***

Freundschaften verändern sich

Die meisten Beziehungen zerbrechen nicht, sondern verwelken.
Enst Zacharias

Besonders in den ersten Tagen nach der Entbindung brauchen junge Mütter viel Ruhe. Während Schwangerschaft und Geburt haben sie Höchstleistungen vollbracht, von denen sich Kopf und Körper erst einmal gründlich erholen müssen. Die neue Familie braucht Zeit, um sich zu finden. Der Tagesablauf mit Stillen, Wickeln, Schlafenlegen usw. muss sich einspielen. Das alles sind gute Gründe, sich erst einmal weitgehend aus dem sozialen Leben zurückzuziehen. Auch das Umfeld reagiert häufig mit Zurückhaltung und lässt die junge Familie erst einmal in Ruhe. Wie lange diese Schonfrist dauern sollte, ist den meisten Freunden und Bekannten allerdings nicht klar.

Als frisch gebackene Eltern fühlten wir uns oft isoliert, weil sich über Wochen kaum jemand meldete (vielleicht mit Ausnahme unserer Familie). Wir lechzten schon bald wieder nach Kontakten – aber manche Bekannte schienen uns unbewusst als Kandidaten für gemeinsame Unternehmungen, Einladungen und Partys komplett gestrichen zu haben, weil wir jetzt zu dritt waren. Sie gingen einfach davon aus, dass Eltern sowieso nicht mehr weg können bzw. keinen Babysitter finden, und fragten erst gar nicht an.

Allerdings ist denkbar, dass hinter solcher Zurückhaltung mehr steckt als ein organisatorisches Problem. Es gibt Eltern, deren Welt sich nach der Geburt ihres Kindes nur zwischen Wickeltisch und Wiege bewegt. Eine Unterhaltung mit ihnen, egal von welchem Ausgangspunkt sie startet, wird unweigerlich beim Thema Kind enden. Dabei merken die stolzen Väter und Mütter nicht, dass Farbe und Konsistenz des Stuhlgangs ihres Sprösslings nicht für jeden von übergeordnetem Interesse sind ...

Bis zu einem gewissen Grad sind alle jungen Eltern so: Wer ein Kind bekommt, tritt in eine neue Welt ein, beschäftigt sich plötzlich mit anderen Fragen, liest andere Bücher (Babyratgeber), kämpft mit anderen Problemen und sieht das Leben mit anderen Augen als vorher. Das kann zu Irritationen im kinderlosen Freundeskreis führen. Für den Rest der Menschheit hat sich ja nichts Einschneidendes geändert. Auch wenn das für die Eltern natürlich kaum nachvollziehbar ist, denn: Wir haben doch das hübscheste und tollste Kind des Universums in die Welt gesetzt! Wie kann die Menschheit einfach wie bisher weiterexistieren?

Hier sind einige Tipps zum Umgang mit Freunden, Verwandten und Kollegen:

- → Teilen Sie Ihren Freunden und Verwandten mit, wann sie wieder offen für Besuche sind. Wenn Sie eine Geburtsanzeige verschicken, können Sie dort einen entsprechenden Hinweis anbringen.
- → Laden Sie sich selbst bei anderen ein, zum Beispiel mit dem dezenten Hinweis: »Wir haben nächste Woche einen Babysitter!«
- → Laden Sie Leute zu sich ein.
- → Geben Sie nicht alle Hobbys für Ihr Kind auf.
- → Lassen Sie Ihre Gesprächspartner an Ihrer Welt teilhaben, aber versteifen Sie sich nicht zu sehr auf das Thema Kind.
- → Bleiben Sie einigermaßen auf dem Laufenden. Ab und zu Zeitung lesen, Nachrichten hören oder ein Buch lesen gibt neuen Gesprächsstoff.
- → Geben Sie Freunden ruhig einmal das Baby in den Arm.
- → Nerven Sie Ihre Mitmenschen nicht, indem Sie Ihnen ständig E-Mails mit riesengroßen Bildern im Anhang schicken oder auf die neuen Babyfotos auf Ihrer Homepage verweisen.
- → Machen Sie Ihren Freunden nicht zum Vorwurf, dass sie keine Kinder im Babyalter haben, auch nicht versteckt (»Ihr habt's gut, Ihr könnt ja durchschlafen ...«).

Andere Familien kennen lernen

Trotz aller Offenheit von beiden Seiten können die unterschiedlichen Welten so stark auseinander driften, dass die Basis für ein Fortbestehen der Freundschaft verloren geht. Man kann bei vielen Eltern beobachten, dass sich der Freundeskreis verändert.

Gerade für den Elternteil, der sich entschließt, in Erziehungsurlaub zu gehen, um sich ganz dem Baby zu widmen, ist es wichtig, »Leidensgenossen« kennen zu lernen. Häufig ist der Schritt in den Beruf des Familienmanagers mit starken Einsamkeitsgefühlen verbunden. Der tägliche Kontakt zu Kunden und Kollegen fällt weg. Den Tag mit einem Baby zu verbringen, hat zwar seinen Reiz – ein echtes Gegenüber fehlt trotzdem. Für werktägliche Ausflüge stehen die außerhäuslich berufstätigen Freunde nicht zur Verfügung.

Kontakte zu anderen Familien mit Kindern im gleichen Alter haben Vorteile:

- *Kinderaustausch:* Man kann sich bei der Kinderbetreuung aushelfen. Manche machen daraus ein System: Am Montag Vormittag nimmst du meine Kinder, am Dienstag Nachmittag kommen deine zu mir. Das schafft Nähe und Beziehung.
- *Erfahrungsaustausch:* Es tut gut festzustellen, dass man viele Probleme mit anderen teilt. Vielleicht haben die anderen auch einen Tipp auf Lager, der manches erleichtert.
- *Gemeinsamer Lebensrhythmus*: Die Mütter können sich auch tagsüber treffen, wenn sie im Erziehungsurlaub sind. Wenn ein Elternpaar das andere abends besucht, braucht sich die Gastgeberfamilie keine Gedanken darüber zu machen, wie sie den Besuch um elf Uhr wieder los wird. Auch auf diesen wartet nämlich wahrscheinlich eine schwere Nacht.
- *Gemeinsamer Leidensdruck:* Die anderen Babyeltern fühlen sich genauso isoliert wie Sie!

»Mein Kind ist weiter«

Kinder sind Menschen wie alle, sie sind nur noch ungeschickt im Verbergen ihrer Gedanken.
Gabriel Laub

Ein Problem bei Familien mit Babys soll hier aber nicht verschwiegen werden. Häufig grassiert der Konkurrenzvirus: »Euer Kind dreht sich noch nicht mal, unseres krabbelt schon, obwohl es drei Wochen jünger ist ...« Solche Vergleiche hört man immer wieder, wenn junge Familien mit ungefähr gleichaltrigen Kindern zusammen sind. Meist wird die Botschaft, dass das eigene Kind vorne liegt, etwas eleganter transportiert, aber der Empfänger versteht sie trotzdem.

Vergleichen ist legitim. Alle Eltern wollen wissen, ob sich ihr Kind normal entwickelt. Und natürlich möchten alle Eltern stolz auf ihr Kind sein. Wenn das jedoch zu einem heimlichen Wettbewerb führt, ist das nicht nur schlecht für die Freundschaft zwischen den Familien, sondern auch für die Kinder. Eltern sind bei nichts anderem so empfindlich wie bei ihrem eigenen Kind. Sie werden nicht dauerhaft die Gesellschaft von Menschen suchen, die ihr Kind als fehlerhaft oder unterentwickelt betrachten.

Problematisch für die Kinder ist der Wettbewerb, weil sie einem unnötigen und schädlichen Druck ausgesetzt werden. Einem Kind das

Laufen beizubringen, weil es mit einem Jahr immer noch das Krabbeln bevorzugt, kann sehr schädlich sein. Koordination und Rumpfmuskulatur werden durchs Krabbeln gefördert. Wird dieser Entwicklungsschritt übersprungen oder künstlich abgekürzt, tut man dem Kind keinen Gefallen. Wenn es so weit ist, wird es von selbst die ersten Gehversuche machen. Um gehen zu lernen, braucht es keine Erwachsenen.

- Wenn Ihr Kind »vorne« liegt, müssen Sie das den Eltern seines Spielkameraden ja nicht unbedingt aufs Auge drücken. Es sei denn, Sie sind über den Rückstand des anderen Kindes wirklich in Sorge. In diesem Fall sollten Sie Ihren Freunden einen Besuch beim Kinderarzt empfehlen.
- Sollte Ihr Kind »hinten« liegen, nehmen Sie es am besten gelassen. Für das spätere Leben hat das meistens keinerlei Konsequenzen. Wenn Ihr Kind im Babyalter motorisch etwas zurückliegt, kann es trotzdem noch Profifußballer werden!

Elterntreffpunkte

Das Konkurrenzproblem sollte jedoch niemanden abhalten, Kontakt zu anderen Familien zu suchen. Gelegenheiten gibt es durchaus:

- im Geburtsvorbereitungskurs
- auf der Entbindungsstation
- bei der Rückbildungsgymnastik
- beim Babymassagekurs
- beim Babyschwimmen
- in der Krabbelgruppe: Wenn es in der Kirchengemeinde in Ihrer Nähe keine Krabbelgruppe gibt, können Sie sich vielleicht mit anderen Eltern zusammenschließen und eine gründen. Es braucht dazu eigentlich nur einen geeigneten Raum.
- Internet: Alle großen Familienportale bieten auch Austausch- und Diskussionsmöglichkeiten für Eltern an – meist nach Themen und Lebensalter des Kindes sortiert. Auf einigen Seiten kann man sich mit seiner Frage auch direkt an einen Experten wenden. Besonders rege Foren und Chats finden Sie unter:
  www.eltern.de, www.family.de, www.urbia.com, www.familie.de, www.lebenunderziehen.de.

Das Gefühl der Isolation begleitet viele Eltern, vor allem den Elternteil, der zu Hause bleibt, trotz aller Aktivitäten durch das gesamte erste Lebensjahr des Kindes. Es wird allerdings besser. Mit Spielgruppe und Kinderturnen, dann Kindergarten und später Schule gibt es immer mehr Berührungspunkte zwischen Familien. Fast automatisch entsteht dabei ein Netz von Bekanntschaften.

Freunde und Bekannte

Eines wissen alle Eltern auf der Welt: wie die Kinder anderer Leute erzogen werden sollten.
Alice Miller

Dieses Netz von Bekanntschaften ist aber nicht gleichbedeutend mit Freundschaften. Es besteht sogar die Gefahr, dass man aufgrund zahlreicher Aktivitäten gar nicht merkt, dass keine tieferen Beziehungen bestehen. Am Ende der Kleinkindphase kann es dann gut passieren, dass man erschreckt die Entdeckung macht: Eigentlich habe ich keine echten Freunde. Vielleicht ist das ein typisches Männerproblem, aber es ist auch ein Problem von Familien. Väter und Mütter sind so mit sich und ihrer Familie beschäftigt, dass es ihnen schwer fällt, echte Freundschaften aufzubauen und zu pflegen.

Eine Freundschaft lebt von:

- gemeinsam verbrachter Zeit
- gegenseitiger Offenheit
- Unterstützung in Krisenzeiten

Wie sieht es in diesen Punkten bei Familien in der Babyphase aus?

Die Abende stehen in den ersten Monaten kaum zur Verfügung: Man ist so müde, dass nach 21 Uhr nur noch das Bett als Gesprächspartner in Frage kommt – oder man trägt das Baby spazieren. Wenn Eltern zusammen mit anderen Eltern ausgehen wollen, ist das ein immenser Organisationsaufwand. Haben beide Paare endlich einen geeigneten Babysitter gefunden, heißt das noch lange nicht, dass es klappt. Kinder sind immer für eine spontane Magen-Darm-Grippe oder Bronchitis gut. Wenn ein gemeinsamer Termin zwei oder drei Mal platzt, hört man oft ganz auf, solche Treffen zu organisieren. Tagsüber arbeitet mindestens ein Familienmitglied außerhäuslich – also bleibt nur noch das Wochenende, um sich mit anderen Familien zu treffen. Insofern ist die gemeinsame Zeit begrenzt.

Häufig laufen die Unterhaltungen bei diesen Treffen dann so ab: »Ich habe gestern zum ersten Mal … Larissa, lass bitte die Pflanze in Ruhe … wo war ich noch gleich?« »Du warst gestern zum ersten Mal …« »Also ich war gestern zum ersten …« »Torben, für dich gilt das Gleiche. Lass die Pflanze. Sorry, ich hab' dich unterbrochen.« »Also, ich war gestern zum ersten Mal …« Kein Wunder, dass die Gespräche relativ oberflächlich bleiben, wenn man keinen Gedanken zu Ende bringen kann.

Und wie sieht es mit der Unterstützung in schwierigen Zeiten aus? Wer selbst kaum den Kopf über Wasser halten kann, hat keine Kapazitäten frei, um auch noch anderen zu helfen. Diese Schwierigkeiten lassen sich nicht einfach umgehen.

Aus unserer präfamiliären und präberuflichen Studentenzeit waren wir es gewohnt, dass Freundschaften einfach so »passieren«, ohne dass man groß organisieren muss. Schon mit dem Eintritt in den Beruf mussten wir uns da umstellen. Heute, mit zwei kleinen Kindern, geschieht uns das nur noch sehr selten. Wir haben einfach nicht mehr so viel freie Zeit zur Verfügung wie früher, um mal auszuprobieren, mit wem wir harmonieren und mit wem nicht. Trotzdem wünschen wir uns echte Freundschaften. *Christina und Christof*

Vielleicht merken Sie wie wir, dass kaum Zeit bleibt, Freundschaften aufzubauen und zu pflegen. In diesem Fall kann es sinnvoll sein, Prioritäten zu setzen. Was spricht dagegen, die bestehenden Kontakte einmal im Geist durchzugehen und zu überprüfen, bei welchen es sich lohnt, noch mehr zu investieren?

Folgende Kriterien können bei diesem Check helfen:

→ Stimmt die Chemie zwischen den Eltern? Gibt es Gemeinsamkeiten bei den Lebensentwürfen? Gibt es gemeinsame Themen, über die man sich unterhalten kann?
→ Sind die Kinder ungefähr gleich alt? Im ersten Lebensjahr ist das noch unerheblich, weil Babys sowieso noch nicht miteinander spielen können. Später kann diese Frage entscheidend sein. Wenn die Kinder gut miteinander spielen, haben die Erwachsenen die Chance, sich in Ruhe zu unterhalten.
→ Gibt es gemeinsame Hobbys und Interessen, die man zusammen ausbauen könnte?

- Könnten Sie sich vorstellen, mit der anderen Familie in Urlaub zu fahren?
- Ist die Familie offen für Freundschaften?
- Gehen die Lebensziele in eine ähnliche Richtung? Lebensziele könnten zum Beispiel sein, möglichst schnell möglichst viel Geld zu verdienen oder Geist und Körper zu perfektionieren oder in Einheit mit der Natur zu leben.
- Können Sie sich über religiöse Fragen miteinander unterhalten?

Wenn sich die meisten dieser Fragen mit Ja beantworten lassen, lohnt es sich auf jeden Fall, die Beziehung auszubauen. Machen Sie sich aber nicht nur auf die Suche nach Familien in der gleichen Lebensphase. Halten Sie auch Ausschau nach erfahrenen Eltern, die Familie in einer Art und Weise leben, die Sie für erstrebenswert halten. Familienprofis geben Anfängern meist gerne Tipps und Anregungen weiter.

Kinder sind die lebenden Botschaften, die wir einer Zeit übermitteln, an der wir selbst nicht mehr teilhaben werden.
Neil Postman

Auch wenn hier viel von Kontakten zu anderen Familien die Rede war, spricht nichts dagegen, dass Mutter und Vater Freundschaften außerhalb der Familie pflegen. Nehmen Sie sich ruhig immer wieder einmal eine Auszeit von der Familie und überlassen Sie Ihrem Partner das Kind für einen Abend. Mit einer Freundin oder einem Freund ins Kino zu gehen und dem Familienalltag für zwei Stunden entfliehen, kann sehr befreiend wirken und neue Energie bringen. Hinterher werden Sie sich umso mehr auf Ihr Baby freuen!

Großeltern

Die idealen Großeltern halten sich raus, wenn sie nicht gefragt werden, und sind immer da, wenn man sie braucht. Sie wohnen nicht so nahe, dass sie ständig in der Haustür stehen, aber können doch schnell einspringen. Auch wenn die Bedingungen nicht immer so ideal sind – wenn die Großeltern eine gute Beziehung zu ihrem Enkel haben, ist das Gold wert.

Da wir beide aus Süddeutschland stammen und aus beruflichen Gründen ins Ruhrgebiet gezogen sind, wohnen die Großeltern unserer Kinder 400 km weit weg. Kurzfristiges Einspringen und spontane Besuche sind nicht möglich. Wir sehen uns ungefähr ein-

mal im Vierteljahr. Trotzdem beobachten wir bei unserer älteren Tochter, dass ihre Omas und Opas eine sehr wichtige Rolle in ihrem Leben spielen. Sie spricht sehr häufig von ihnen, freut sich auf ihre Besuche und kann sich an viele Details der letzten Treffen erinnern.
Christof

Umfragen unter Kindern bestätigen, dass Omas und Opas häufig die wichtigsten Bezugspersonen außerhalb des Elternhauses sind. Und diese Beziehung fängt natürlich schon im Baby- und Kleinkindalter an.

Es ist für frisch gebackene Eltern ein Riesenplus, wenn sie wissen, dass ihre Eltern hinter ihnen stehen und sie unterstützen:

- ➜ Großeltern sind meistens bereitwillig zur Stelle, wenn der Familienalltag aus den Fugen gerät, weil ein wichtiges Mitglied krankheitsbedingt ausfällt.
- ➜ Sie sind als Babysitter erste Wahl, weil sie eine gute Beziehung zum Kind haben und kein Geld fürs Sitten verlangen.
- ➜ Möglicherweise können sie der jungen Familie auch finanziell unter die Arme greifen.
- ➜ Sie geben zu allen Fragen des Lebens bereitwillig Auskunft.

Bei der Erziehung muss man etwas aus dem Menschen herausbringen und nicht in ihn hinein.
Friedrich Fröbel

Manchmal geben sie auch Auskunft, ohne um Rat gefragt worden zu sein. Gerade bei Fragen rund ums Baby kann man Eltern nur ermutigen, ihren eigenen Weg zu gehen. In Sachen Babypflege hat sich in den letzten 30 Jahren viel getan. Wie sich die Ansichten über das Stillen verändert haben, wurde bereits im Stillkapitel angesprochen. Aber es gibt noch weitere Beispiele, die diesen Punkt verdeutlichen: Vor 30 Jahren war es noch üblich, Babys jeden Tag zu baden. Heute weiß man, dass übertriebene Hygiene allergiefördernd wirkt und die zarte Babyhaut austrocknet. Bis vor einigen Jahren hielt man Neugeborene auch noch für so gut wie blind – erst die neueste Forschung hat gezeigt, dass sie auf kurze Distanz sehr wohl sehen können.

Man kann es Großeltern nicht übel nehmen, dass sie in der Babyforschung nicht auf dem Laufenden sind. Für Eltern gilt der Bibelvers: »Prüfet alles, und das Gute behaltet.« Wenn ein gegenseitiges Vertrauensverhältnis besteht, ist das sicher auch kein großes Problem.

Verwöhnen angesagt

Unsere Tochter Maren war zweieinhalb Jahre alt, als sie zum ersten Mal ohne Eltern bei Oma und Opa übernachtet hat. Sie litt zwar nicht unter Heimweh, aber als wir sie nach zwei Tagen Trennung wieder abholten, war sie völlig aufgedreht, und es brauchte einige Zeit, bis sie wieder auf ihre Eltern hörte. Kein Wunder: Sie stand zwei Tage lang von morgens bis abends im Mittelpunkt. Oma und Opa erfüllten ihr jeden Wunsch. Bei Mama und Papa tauchte dann plötzlich wieder das schreckliche Wort »Nein« auf.

Christof

Völlig normal, dass Großeltern ihre Enkel nach Strich und Faden verwöhnen. In den ersten Lebensmonaten des Kindes wird das kaum auffallen. In dieser Zeit kann man ein Kind kaum verwöhnen. Doch spätestens, wenn die Kinder mit den Erwachsenen essen, ist die Stunde der Großeltern gekommen. Sie brennen häufig geradezu darauf, ihre Enkel mit Schokolade und allerlei Ungesundem einzudecken – ob vor, während oder nach den Mahlzeiten spielt dann überhaupt keine Rolle. Natürlich müssen die Kinder bei Oma und Opa nicht pünktlich um 19.00 Uhr ins Bett, und eine Gutenachtgeschichte reiht sich an die andere.

Häufig reibt man sich die Augen, wenn man sieht, wie aus den autoritärsten Vätern die weichsten Opas werden und die konsequentesten Mütter bei ihren Enkeln plötzlich keine Regeln mehr kennen. »Wenn ich gewusst hätte, dass Großelternsein so leicht ist, hätte ich die Elternphase ausgelassen«, hat ein offenbar erfahrener Opa und Vater gesagt. Tatsächlich besteht der große Vorteil des Großelternseins darin, dass man die Kleinen genießen kann, ohne die letzte Verantwortung für sie zu tragen. Das gibt den Großeltern ein Stück Gelassenheit, die den Eltern häufig abgeht. Die Kleinen können von dieser Gelassenheit immens profitieren. Es ist deshalb wichtig, dass Großeltern und Enkel »elternfreie« Zeit miteinander verbringen.

Für diese Zeit gilt:

- ➜ Eltern sollten auf dieses möglicherweise recht unkomplizierte Verhältnis nicht eifersüchtig sein.

- → Dass Enkel bei ihren Großeltern manches tun dürfen, was ihnen zu Hause nicht erlaubt wird, ist ein wichtiger Teil dieses besonderen Verhältnisses. Solange für die Enkel klar ist, dass es sich um eine Ausnahmesituation handelt und Oma und Opa grundsätzlich hinter der Erziehung der Eltern stehen, ist Verwöhnen erlaubt.
- → Sollte Ihr Kind mehr als ein paar Tage bei den Großeltern verbringen, ist es allerdings sinnvoll, einige Regeln zu vereinbaren, die auch beim Urlaub von den Eltern eingehalten und von den Großeltern durchgesetzt werden sollen. Ansonsten wird es für die Eltern sehr aufwendig, das Leben wieder in normale Bahnen zu lenken, wenn das Kind heimgekehrt ist.

Abnabelungsprozess abgeschlossen?

Voraussetzung für eine gute Beziehung zwischen Enkeln, Großeltern und Eltern ist:

- → Die Eltern stehen auf eigenen Beinen und leben ihr eigenes Leben.
- → Die Großeltern haben ihre Kinder losgelassen und akzeptieren sie als Eltern.

Problematisch wird es allerdings, wenn Großeltern ihren Kindern nicht zutrauen, ein Baby zu versorgen. Häufig ist das Vertrauensverhältnis aber nicht erst mit der Geburt des Kindes getrübt, sondern war schon vorher nicht in Ordnung. Die neue Situation mit dem Baby wirkt als Katalysator und bringt die Ungereimtheiten noch stärker zu Tage. Vielleicht ist der Abnabelungsprozess zwischen den Großeltern und ihren Kindern nicht abgeschlossen. In diesem Fall ist es für die Babyeltern überlebensnotwendig, den eigenen Eltern die Grenzen zu zeigen und sich nicht verunsichern zu lassen.

Mehr als Vergebung für ihre Erziehung dürfen Eltern von ihren erwachsenen Kindern nicht verlangen.
George Bernard Shaw

Vielleicht gibt es noch finanzielle oder emotionale Abhängigkeiten zwischen Eltern und Großeltern, die dafür sorgen, dass aus der Eltern-Kind-Beziehung keine freundschaftliche Beziehung geworden ist. Wenn die erwachsenen Kinder nicht auf eigenen Beinen stehen und sich immer noch wünschen, von den Eltern versorgt zu werden, sind das keine guten Voraussetzungen für die Heirat, geschweige denn dafür, Kinder zu bekommen. Und das Gleiche gilt für die Eltern der Eltern: Wenn sie das Kapitel Erziehung nicht abgeschlossen haben, können sie die junge Familie durch ihr Verhalten gefährden.

Solche Konflikte sollte man nicht auf die leichte Schulter nehmen. Wenn sich Eltern einmischen, ist das häufig ein Grund, warum Ehen scheitern. Wer hier selbst keine sauberen Verhältnisse schaffen kann, sollte sich unbedingt in Beratung begeben. Dort kann man sich am besten über die bestehenden Abhängigkeiten klar werden und Strategien für eine Veränderung entwickeln.

Berufstätige Mutter oder vollzeitliche Familienmanagerin?

Die Isolation ist für viele Mütter Motivation, wieder in den Beruf einzusteigen. Doch wann ist der Wiedereinstieg mit den Bedürfnissen des Kindes vereinbar? Leider findet man zu dieser Frage kaum ideologiefreie Antworten. Die emanzipationsbewegten Ratgeber plädieren dafür, so schnell wie möglich wieder in den Beruf zurückzukehren. Hausfrau und Mutter zu sein, ist für sie nur eine minderwertige Tätigkeit, die frau möglichst schnell hinter sich lassen sollte. Sie fordern mehr Kinderkrippen und bessere Tagesbetreuung.

Konservative Pädagogen warnen davor, das Kind früh in fremde Betreuung zu geben. Wenn das Kind keine festen Bezugspersonen habe, leide es Schaden. Mütter – und es sind dann doch meistens die Mütter und selten die Väter – sollten deshalb rund um die Uhr für ihr Kind da sein.

Die beste Stressabwehr besteht darin, seine Arbeit zu lieben.
Arrigo Sacchi

Beide Ideologien können in die Sackgasse führen: Frauen, die ohne außerhäusliche Berufstätigkeit Depressionen bekommen, haben keinen guten Einfluss auf ihre Familie, wenn sie dazu gezwungen werden, zu Hause zu bleiben. Andererseits ist es nicht akzeptabel, wenn das Kind nur noch »mitläuft« und funktionieren muss, weil die Eltern unbedingt ihre Karrierewünsche verwirklichen wollen.

Wir sind der Meinung, dass Eltern nach individuellen Lösungen suchen sollten, die für alle Beteiligten tragbar sind, ohne dabei auf eine Ideologie Rücksicht zu nehmen. Manche Frauen und Männer sind als Familienmanager glücklich. Sie sollten sich auf keinen Fall einreden lassen, dass das ein minderwertiger Beruf ist. Andere würden gerne bald wieder in den Beruf einsteigen. Die Frage nach dem Zeitpunkt des Wiedereinstiegs hängt dann von ganz praktischen Überlegungen ab:

- ➜ Ist das Kind so weit, dass es ein paar Stunden die Woche ohne die Eltern auskommt, oder peinigt es seine Betreuer mit Schreikrämpfen?
- ➜ Wie sehen die Betreuungsmöglichkeiten für das Kind aus? Gibt es eine Oma oder eine gute Freundin in der Nähe, die das Kind für einige Stunden nehmen würde? Oder bietet sich eine Tagesmutter an?
- ➜ Wie viele Stunden Berufstätigkeit pro Woche sind familienverträglich? Bei manchen Arbeitsplätzen ist es gut möglich, erst einmal nur am Wochenende oder an einem Tag pro Woche einige Stunden zu arbeiten, während der Partner auf das Kind aufpasst.

Jede Familie lebt in einer anderen Situation. Deshalb wird die Frage nach dem geeigneten Zeitpunkt für die Rückkehr in den Job bei jedem anders beantwortet werden.

Natürlich sollte die Entwicklung des Kindes eine entscheidende Rolle spielen. In der Stillphase wird ein Wiedereinstieg nur schwer zu realisieren sein, weil es nur wenige Berufe gibt, die ausführliche Stillpausen im Drei- bis Vierstundentakt erlauben – gesetzlich vorgesehen ist es. Generell gilt, dass Kinder in den ersten Lebensjahren wenige feste Bezugspersonen brauchen, die das kindliche Bedürfnis nach Geborgenheit und Sicherheit zuverlässig befriedigen können. Das ist nicht nur auf die Mutter beschränkt. Wenn Sie aber kein gutes Gefühl dabei haben, Ihr Kind stundenweise abzugeben – lassen Sie es besser sein.

Da ich bei Marens Geburt noch mitten im Referendariat war, bin ich nach einem Jahr Babypause wieder in den Beruf eingestiegen, um meine Ausbildung zu beenden. Sowohl für Maren als auch für mich war das ein guter Zeitpunkt. Allerdings haben wir auch die ideale Tagesmutter gefunden – auf einem Bauernhof mit viel Platz zum Austoben, interessanten Beobachtungsmöglichkeiten und einem anderen Kind zum Spielen. Weil ich Maren so gut aufgehoben wusste, hatte ich kein schlechtes Gewissen. Der einzige Wermutstropfen: Marens erstes Wort war nicht Mama oder Papa, sondern Aika. So hieß der Hofhund. *Christina*

Den Wiedereinstieg vorbereiten

Wenn Sie sich dafür entscheiden, wieder in den Beruf einzusteigen, sollten Sie Ihre Rückkehr schon während der Babypause vorbereiten.

Ich kann nicht voraussehen, aber ich kann den Grund zu etwas legen. Denn die Zukunft baut man.
Antoine de Saint-Exupéry

→ Halten Sie den Kontakt zu Ihrem Arbeitgeber aufrecht. Besuchen Sie Ihre Firma regelmäßig mit dem Baby. Für die Kollegen ist das oft eine willkommene Abwechslung, und Ihnen hilft es, die Rückkehrschwelle niedrig zu halten.

→ Informieren Sie Ihren Chef frühzeitig über Ihre Absichten. Oft sind auch Sonderregelungen für junge Mütter möglich. Fragen Sie einfach nach.

→ Suchen Sie rechtzeitig nach einer Betreuungsmöglichkeit für das Kind. Es gibt verschiedene Möglichkeiten. Ob Kindergarten, Kindertagesstätte, Tagesmutter oder Oma – es hängt von verschiedenen Faktoren wie Alter des Kindes, Entfernung zum Arbeitsplatz, Länge der Arbeitszeit und nicht zuletzt auch vom Geldbeutel ab, wie Sie sich entscheiden. Wichtig ist, dass Sie und das Kind sich mit der Lösung wohl fühlen.

→ Zeigen Sie Ihrem Kind, dass es sich auch mit anderen Erwachsenen wohl fühlen kann. Voraussetzung dafür sind gelassene und anderen Erwachsenen gegenüber vertrauensvolle Eltern. Babys haben eine sehr feine Antenne. Wenn Sie misstrauisch sind, wird es Ihr Kind wahrscheinlich auch sein.

→ Setzen Sie sich nicht unter Druck. Wenn Sie den Eindruck haben, dass Sie oder Ihr Kind noch etwas Schonfrist brauchen, verlängern Sie den Erziehungsurlaub. In den meisten Fällen ist das ohne Probleme bis zu sechs Wochen vor dem geplanten Wiedereinstieg möglich.

Kapitel 12

Kochrezepte für die Babyphase

Kaum ein Lebensabschnitt stellt so hohe Anforderungen an den weiblichen Körper wie Schwangerschaft und Stillzeit. Allerdings hat frau auch kaum so wenig Muße für eine ausgewogene Ernährung wie in den ersten Monaten mit dem Baby. Deshalb haben wir an dieser Stelle einige praxiserprobte Rezepte zusammengestellt, die fast alle Bedürfnisse von jungen Müttern erfüllen: Sie sind schnell gekocht, erfordern nur leicht zu beschaffende, bläharme Zutaten und enthalten Vitamine und Mineralstoffe, die ihr Körper in dieser Phase dringend benötigt.

Gesundes aus dem Suppentopf

Karottensüppchen mit Einlage

Enthält viel Vitamin A. Das ist gesund, macht schön und steigert die Abwehrkräfte.

Zutaten für vier Personen:
6 große Karotten (oder wenn es ganz schnell gehen soll: 3 Babygläschen Frühkarotten à 190 g)
1 Kartoffel
1 EL Butter
2 EL Tomatenmark
750 ml Gemüsebrühe
100 ml Sahne
Salz
Pfeffer
250 g Tortellini
1/2 Bund frisches Basilikum

Zubereitung:
Karotten schälen und in dünne Scheiben schneiden. Kartoffeln waschen, schälen und in Würfel schneiden. Karotten und Kartoffelwürfel in der Butter kurz anschwitzen. Das Tomatenmark zugeben und die Brühe aufgießen. (Bei der Zubereitung mit Babygläschen jetzt die Gläschen zufügen.) Etwa 20 Minuten köcheln lassen. In der Zwischenzeit die Tortellini nach Packungsanleitung abkochen. Die Suppe mit dem Stabmixer pürieren, Schlagsahne unterrühren und mit Salz und Pfeffer abschmecken. Basilikumblätter grob zerschneiden. Suppe nochmals aufkochen und die Tortellini einlegen. Suppe in vorgewärmten Tellern anrichten und mit Basilikum bestreuen.

Zubereitungszeit inkl. Garzeit:
30 Minuten

Kartoffel-Zucchini-Suppe

Vollwertig-lecker. Eignet sich sowohl als Vorspeise als auch als Hauptmahlzeit.

Zutaten für vier Personen:
3 Zucchini (600 g)
2 mittelgroße Kartoffeln
1 EL Butter
Currypulver
Salz
Pfeffer
1 TL Dill
750 ml Gemüsebrühe
2 EL Sonnenblumenkerne
5 TL saure Sahne

Zubereitung:
Zucchini waschen, abtrocknen und die Enden abschneiden, würfeln. Kartoffeln waschen, schälen und in Würfel schneiden. Butter erhitzen und das Gemüse darin andünsten. Mit etwas Curry, Salz und Pfeffer bestreuen, mit der Brühe auffüllen und 15 Minuten köcheln lassen. In der Zwischenzeit Sonnenblumenkerne in einer Pfanne ohne Fett anrösten und abkühlen lassen. Die Suppe pürieren. Dill unterrühren und abschmecken. Suppe auf vorgewärmte Teller verteilen. Ein TL saure Sahne auf jeden Teller geben

und die Suppe mit den gerösteten Sonnenblumenkernen bestreuen.

Zubereitungszeit inkl. Garzeit:
25 Minuten

Schnelle Alltagsküche

15-Minuten-Pfanne

Ruckzuck fertig und gut für den körpereigenen Eisen-Haushalt.

Zutaten für zwei Personen:
1 Frühlingszwiebel (kann bei empfindlichen Babys auch weggelassen werden)
1 EL Olivenöl
250 g Rinderhackfleisch
150 g Champignons (abgetropft aus der Dose oder tiefgefroren)
300 ml Brühe
1 kleine Dose Tomatenstückchen
125 g Nudeln
(am besten Gabelspaghetti)
Salz
Pfeffer
edelsüßer Paprika

Zubereitung:
Das Hackfleisch in einer hohen Pfanne mit heißem Olivenöl anbraten, mit Pfeffer und Salz würzen. Die Frühlingszwiebel in Ringe schneiden. Kurz mit dem Hackfleisch anbraten. Die Brühe dazugießen und die Nudeln (ungekocht) einrühren. Nudeln unter Rühren gar kochen lassen. Fünf Minuten vor Ende der Garzeit die Pilze und die Tomatenstückchen dazugeben. Mit den Gewürzen abschmecken. Dazu passt ein grüner Salat.

Zubereitungszeit inkl. Garzeit:
15-20 Minuten.

Spinatlasagne mit Schafskäse

Schmeckt super und kocht sich (fast) von allein.

Zutaten für vier bis sechs Personen:
900 g Tiefkühl-Blattspinat
1 EL Butter
1/2 Zwiebel (nach Belieben)
750 ml Milch
250 ml Brühe
Soßenbinder
Salz
Pfeffer
200 g Schafskäse
250 g Lasagneplatten
50 geriebener Emmentaler

Zubereitung:
Blattspinat in der Mikrowelle oder im Topf auftauen, mit Salz und Pfeffer würzen. Butter schmelzen und ggf. die Zwiebel darin andünsten. Mit Brühe ablöschen und Milch dazu gießen. Die Soße mit etwas Soßenbinder andicken und abschmecken. Schafskäse in Würfel schneiden. Lasagneblätter, Spinat, Schafskäse und Soße in eine Auflaufform schichten, mit Lasagneblättern und Soße enden. Geriebenen Käse über der Lasagne verteilen. Bei 180° C etwa 35 Minuten backen.

Zubereitungszeit inkl. Garzeit:
45 Minuten

Rotbarschfilet im Gemüsebett mit Curryreis

Reich an Jod und Omega-3-Fettsäuren – häufig Mangelware bei der Ernährung junger Mütter.

Zutaten für vier Personen:
2 Tassen Reis
600 ml Wasser
1/2 Teelöffel Salz
1 EL Currypulver
etwas Butter
500 g Rotbarschfilet
etwas Zitronensaft
Salz
Pfeffer
Butter für die Form
3 Paprika
2 große Tomaten
1 Bund Petersilie (oder 1 Päckchen Tiefkühlware)
200 g Schmand
5 EL Semmelbrösel
2 EL Sesamkerne
2 EL Butter

Zubereitung:
Für den Curryreis einfach alle Zutaten in ein ofenfestes Gefäß mit Deckel geben und bei 180° C in den Ofen stellen. Der Reis braucht insgesamt ca. 35 Minuten. Dann das Fischfilet unter fließendem Wasser waschen und trocken tupfen. Mit dem Zitronensaft beträufeln, mit Salz und Pfeffer würzen. Tomaten und Paprika in grobe Würfel schneiden und in die gebutterte Auflaufform geben. Mit Salz und Pfeffer würzen. Die Petersilie abspülen, trocken tupfen, klein schneiden und über das Gemüse streuen. Den Fisch ins Gemüsebett legen und mit dem Schmand bestreichen. Semmelbrösel und Sesamkerne darüber streuen, mit Butterflöckchen belegen und in den vorgeheizten Backofen geben. Bei 180° C 25 Minuten backen.

Zubereitungszeit inklusive Garzeit: 45 Minuten

Wenn Besuch kommt

Gratiniertes Putengulasch mit Früchten

Besonders edel mit Basmatireis als Beilage.

Zutaten für vier Personen:
500 g Putenbrust (am besten schon vom Metzger in Würfel schneiden lassen)
2 EL Öl
Pfeffer
2 Bananen
1 Apfel
250 ml Sahne
6 EL Curryketchup
3 EL Mandelblättchen

Zubereitung:
Die Putenbrustwürfel mit Salz und Pfeffer würzen und in kleinen Portionen kurz in heißem Öl anbraten. Anschließend in eine Auflaufform geben. Die Bananen in Scheiben, den geschälten Apfel in kleine Würfel schneiden und zum Fleisch geben. Die Sahne steif schlagen, das Curryketchup unterheben und die

Masse auf der Fleisch-Früchtemischung verteilen, mit den Mandelblättchen bestreuen. Im vorgeheizten Backofen bei 170° C ca. 30 Minuten backen.

Zubereitungszeit inkl. Garzeit: 40 Minuten

Überbackene Kartoffeln »Roquefort« (für vier bis sechs Personen)

Kartoffeln spenden viel Magnesium und Vitamin B. Beides ist gut für die strapazierten Nerven von Baby-Eltern. Das Gericht lässt sich gut vorbereiten.

Zutaten für vier Personen:
1 kg Kartoffeln
Salz
Butter für die Form
Pfeffer
Muskat
250 g Roquefort (Blauschimmelkäse)
250 g Creme fraiche
Schnittlauchröllchen (frisch oder gefriergetrocknet)

Zubereitung:
Die Kartoffeln in der Schale kochen, ausdampfen lassen und schälen. Nebeneinander in eine flache, feuerfeste Auflaufform legen und mit einem Löffel etwas flach drücken, so dass die Kartoffeln an der Seite aufplatzen. Dann die Kartoffeln mit Pfeffer und etwas Muskat würzen. Den Käse zerkrümeln und über die Kartoffeln verteilen. Die Creme fraiche mit den Schnittlauchröllchen vermischen und gleichmäßig über die Kartoffeln streichen. Bei 180° C im Ofen backen, bis die Oberfläche leicht gebräunt ist.

Zubereitungszeit inkl. Garzeit: 35 Minuten

Süßer Abschluss

Quark-Tiramisu mit Bananen

Bananen und Kakao machen nicht nur stillende Mütter glücklich. Dieser Nachtisch deckt den Tagesbedarf an Kalzium und enthält dabei moderate Mengen an Fett und Zucker – das schlechte Gewissen beim Genießen entfällt.

Zutaten:
500 g Quark
250 g Joghurt
50 g Zucker
1 Päckchen Vanillezucker
150 ml Sahne
300 g Löffelbiskuits
150 ml Kakao
3 Bananen
Evtl. etwas Kakaopulver

Zubereitung:
Quark mit Joghurt, Zucker und Vanillezucker glatt rühren. Sahne steif schlagen und unter die Quarkmasse heben. Flache Auflaufform mit den Löffelbiskuits auslegen, mit dem Kakao beträufeln. Bananen in dünne Scheiben schneiden und auf den Biskuits verteilen. Zum Schluss die Quark-Masse draufgeben. Nach

Belieben mit Kakaopulver bestreuen. Schmeckt am besten, wenn man das Tiramisu über Nacht durchziehen lässt.

Zubereitungszeit: 15 Minuten

Vanillecreme

Wenn die Lust auf Süßes kommt – diese Zutaten hat man eigentlich immer im Haus, die Creme ist schnell gemacht und enthält viel Kalzium.

Zutaten:
1 Päckchen Puddingpulver »Vanille«
1/2 Liter Milch
5 TL Zucker
250 g Quark
5 EL Sahne

Zubereitung:
Zunächst kocht man den Vanillepudding und lässt ihn abkühlen. Dabei immer mal wieder umrühren. Den Quark und die Schlagsahne unter den lauwarmen Pudding rühren und alles zu einer luftigen Creme aufschlagen.

Zubereitungszeit inkl. Abkühlzeit: 30 Minuten

Für den Kaffeeklatsch

Aprikosenkuchen mit Bienenstichguss

Wenig Aufwand für viel Kuchen – Reste lassen sich problemlos einfrieren. Statt Aprikosen kann man auch Äpfel oder Kirschen verwenden.

Zutaten:
1 Becher Schlagsahne (200 g)
1 Becher saure Sahne (150 g)
1 Becher Zucker (200 g)
1 Päckchen Vanillin-Zucker
1 Päckchen unbehandelte Zitronenschale
5 Eier
3 Becher Mehl (375 g)
1 Päckchen Backpulver
2 Dosen Aprikosen
100 g Butter oder Margarine
4 EL Milch
1/2 Becher Zucker
150 g Mandelplättchen

Zubereitung:
Tiefes Backblech (ca. 32 x 39 cm) fetten. Aprikosen abtropfen lassen. Sahne in eine Schüssel gießen. Den Sahnebecher auswaschen und als Messbecher verwenden. Sahne mit Zucker, Vanillin-Zucker und Zitronenschale halb steif schlagen. Saure Sahne und Eier nach und nach unterrühren. Mehl und Backpulver vermischen und esslöffelweise unterrühren. Teig auf das Backblech streichen und mit Aprikosen belegen. Butter schmelzen, mit Milch und Zucker kurz aufkochen. Mandelblättchen unterheben. Mandelmasse auf dem Kuchen verteilen und im vorgeheizten Backofen 30-35 Minuten backen (Umluft 150° C, E-Herd 170° C).

Zubereitungszeit inkl. Backzeit: 1 Stunde

Ausblick

Ein Interview

Wie geht es weiter nach dem ersten Kind? Um das Thema Familienplanung kommen Eltern nicht herum. Früher oder später stellt sich die Frage: War's das? Oder wollen wir für Geschwister sorgen? Schaffen wir das mit unseren Kräften und Möglichkeiten? Wird es eigentlich nur anstrengender oder vielleicht sogar einfacher, wenn mehr Kinder im Haus sind? Aber das ist schon wieder ein anderes Buch. Deswegen haben wir als Ausblick ein befreundetes Ehepaar interviewt und uns von ihren Erfahrungen mit ihrer »Großfamilie« berichten lassen. Ruth und Dietrich Hunsmann haben vier Kinder im Alter von 6, 5, 3 und knapp einem Jahr.

Benedikt ist Euer jüngstes Kind, vor elf Monaten geboren, Manuel mit sechs Jahren Euer Ältester. Wenn Ihr auf die Babyphase der beiden zurückblickt und vergleicht: Was hat sich in Eurem Elternverhalten geändert? Was macht Ihr heute anders als damals, und was würdet Ihr heute beim ersten Kind anders machen?

Dietrich: Das ist schon ein großer Unterschied. Manuel hat damals sehr viel Aufmerksamkeit von uns bekommen. Wir waren mit diesem einen Kind voll ausgelastet. Benedikt dagegen wird gefüttert, hält seinen Mittagsschlaf, kommt abends um 19.00 h ins Bett und wird morgens um 7.30 h wieder rausgeholt. Dazwischen muss es einfach laufen. Allerdings beschäftigen sich dann auch die anderen Kindern sehr viel mit ihm. Das muss man einfach sehen. Wer von seinen älteren Geschwistern aufgestanden ist, geht erst einmal zu Benedikt, nimmt ihn und schleppt ihn durch die halbe Wohnung; dann kommt der Nächste, so dass der Junge manchmal sicherlich froh ist, wenn er hin und wieder seine Ruhe hat.

Ruth: Manuel hat viel schneller eine Reaktion auf sein Verhalten erhalten als Benedikt jetzt. Aber deswegen ist Manuel wohl auch stressiger gewesen. Bei Manuel sind wir immer gleich gekommen, egal was war. Bei Benedikt ist das nicht so. Ich denke immer, er lebt damit ganz gut. Die einzelnen Pflegeeinheiten gehen heute schneller vonstatten. Beim Wickeln nehme ich mir nicht mehr so viel Zeit zum Schmusen, und Benedikt wird nicht mehr so viel gebadet wie Manuel. Bei Manuel haben wir streng darauf geachtet, ihn einmal pro Woche zu baden. Bei Benedikt können auch schon einmal zwei Wochen ins Land gehen. Manchmal fällt mir auf, dass ich mit Benedikt wenig spreche. Dann mache ich mir's bewusst und tu's, aber es ist nicht so, dass ich denke: der arme Junge. Ich weiß genau, er bekommt im Lauf des Tages genug Zuwendung. Bei Manuel als erstem Kind war es dagegen wichtig, sich intensiver mit ihm zu beschäftigen. Das ist für mich dann auch anstrengender gewesen. Manuel hatte auch immer ein bisschen auffällige Haut. Das haben wir damals als richtig dramatisch erlebt. Bei Benedikt weiß ich inzwischen: kein Problem, geht weg. Also schenke ich dem gar nicht mehr so viel Beachtung. Da ist eine viel größere innere Gelassenheit entstanden.

Wenn Liebe einmal gekeimt hat, treibt sie Wurzeln, die nicht mehr aufhören zu wachsen.
Antoine de Saint-Exupéry

Seid Ihr mit Manuel auch schneller zum Kinderarzt gegangen?

Ruth: Ja, viel schneller.

Meint Ihr, es ist möglich, das erste Kind quasi zu »überspringen« und sozusagen mit dem zweiten anfangen?

Ruth: Ich denke, die Erfahrungen mit dem ersten Kind sind schon sehr wichtig. Da wächst Routine, da bilden sich Abläufe aus, die sich bewährt haben. Ich würde schon sagen, dass wir mittlerweile über eine »gut funktionierende Familienstruktur« verfügen. Die Arbeitsbereiche sind aufgeteilt. Deswegen läuft es auch. Das bedeutet z. B., dass ich Benedikt abends ins Bett bringe und Dietrich die anderen drei.

Jeden Abend?

Ruth: Ja, wir haben das immer so geregelt, dass ich das Kind ins Bett bringe, das noch gestillt werden muss, und Dietrich die restlichen.

Wie lange dauert das Zubettbringen in der Regel?

Dietrich: Das Abendbrot beginnt um 18.15 h und ist meist gegen 18.45 h beendet. Dann ziehen die Kinder ihre Schlafanzüge an, und wir treffen uns hier wieder im Wohnzimmer. Wir lesen noch eine Geschichte vor, und anschließend geht's ins Bad zum Zähneputzen. Dann ist es ungefähr 19.30 h. Danach müssen sie in die Betten, dürfen aber noch ein Buch angucken oder eine Kassette hören. Aber sie wissen, dass sie in ihren Betten bleiben und ruhig sein sollen.

Jedes Kind bringt die Botschaft mit auf die Welt, dass Gott sich von den Menschen noch nicht hat entmutigen lassen.
Rabindranath Tagore

Ruth, wie kriegst du es hin, dass es immer so ordentlich bei dir aussieht, obwohl du vier Kinder um dich hast?

Ruth: Das liegt wohl an meiner Persönlichkeitsstruktur. Ich hoffe nicht, dass ich zwanghaft bin, aber es gehört zu meinem Wohlbefinden, dass alles eine gewisse Ordnung hat.

Zu unserem auch, aber wir schaffen es trotzdem nicht.

Ruth: Bei mir ist das über die Jahre gewachsen. Mit wenigen Handgriffen Struktur und Ordnung schaffen – das hat auch viel mit Erfahrung zu tun. Man legt sich im Lauf der Zeit ein bestimmtes Ordnungssystem zurecht, bei dem jedes Ding seinen festen Platz hat. Wir legen z. B. den Kindern abends die Klamotten für den nächsten Tag hin. Dann läuft's morgens am besten. Entweder legen die Kinder ihre Sachen schon selbst ordentlich zurecht, oder ich kontrolliere eben abends noch schnell, was dreckig ist und gewechselt werden muss. Dann lege ich frische Kleidung dazu. Das hat sich sehr bewährt bei uns.

Dietrich: Wichtig ist auch, dass die Kinder ihre Sachen aufräumen, weitestgehend jedenfalls. Unsere Kinder sollen grundsätzlich das tun, was sie schon können. Ich binde keinem Kind, das sich schon selber die Schuhe zumachen kann, die Schleife.

Ruth: Obwohl es natürlich sehr verführerisch ist, solche Aufgaben mal eben selbst und damit schneller zu erledigen. Wir möchten die

Selbstständigkeit unserer Kinder fördern. Doch das ist oft auch zeitintensiv.

Hattet Ihr ein »Schreikind« unter Euren vier Babys?

Ruth: Manuel war ein Baby, das ständig Hunger hatte. Er trank prima, und es gab auch genügend Milch bei mir. Er wollte ständig angelegt werden. Dann bin ich krank geworden. Und da hat meine Mutter gesagt: So, wir wiegen jetzt vorher und nachher, dann wissen wir, wie viel er getrunken hat, und dann muss er warten. Das war noch ganz die alte Schule – aber für mich war es fast eine Überlebensfrage. Mir war klar: Manuel geht's nur gut, wenn's mir gut geht. Wir müssen beide leben können. Manchmal habe ich mich gefragt: Was haben die Bauernfamilien im 19. Jahrhundert mit zehn Kindern gemacht? Die Kinder standen da nicht im Mittelpunkt, das ging einfach nicht. Und so habe ich versucht, meine Aufmerksamkeit für Manuel, die sicherlich auch ein ungesundes Maß angenommen hatte, zurückzuschrauben.

Lerne unterscheiden zwischen Herzensbildung und Dressur.
Esther Gut

Wie sieht's bei euch am Wochenende aus, wie kommt ihr da zur Ruhe?

Dietrich: Zur Ruhe kommen, ja, das ist so eine Sache. Wenn die Kinder einen geregelten Tagesablauf mit Kindergarten und Spielkreis haben, verlaufen die Tage oft ruhiger als dann das Wochenende. Die Kinder müssen sich wieder umstellen, sie müssen sich selbst beschäftigen; sie brauchen dann oft etwas Zeit, um Initiative und Fantasie zu entwickeln.

Gibt's einen Mittagsschlaf für euch?

Dietrich: Mittags gibt es eine feste Regel: Die beiden Kleinen schlafen noch, und die beiden Großen spielen still, so von 13.20 bis 15.00 h.

Und die Eltern schlafen auch?

Dietrich: Zumindest am Wochenende, ja.

Ruth: Interessanterweise spielen alle in der Mittagspause zusammen. Sobald die zu Ende ist, spielt wieder jeder für sich …

Da passiert auch nix in der Zeit?

Ruth: Bei den Kleinen bin ich mir nicht ganz so sicher, aber bei den Großen kann ich mich drauf verlassen.

Ruth, hilft dir noch irgendjemand im Haushalt?

Ruth: Manchmal, aber in der Regel nicht. Entscheidend ist bei mir, ob's mir gut geht. Sonst klappt es auch nicht. Dann kriege ich das auch nicht gebacken. Aber wenn ich mich dabei wohl fühle, dann fluppt es. Bei vier Kindern kommt dazu, dass man oft müde, k.o. ist. Dann sind Tage wichtig, an denen einfach ein langer Mittagsschlaf drin ist. Oder an denen man früh ins Bett geht, damit die Kraftreserven wieder aufgebaut werden. Manchmal denkt man auch bei jeder Arbeit: Morgen muss ich das Gleiche wieder machen – wie furchtbar! Das ist immer ein Zeichen dafür, dass ich ausgelaugt bin. Das sind für mich Warnsignale, die ich auch beachte. Dann heißt es einfach, früh ins Bett zu gehen. Ich denke aber, da hat jeder auch sein eigenes Tempo, eine eigene Belastbarkeit – ob man nun ein Kind hat oder mehrere.

Wahrscheinlich denken viele Eltern nach dem ersten Kind: Du liebe Zeit, was für eine unglaubliche Anstrengung, das will ich nicht unbedingt noch mal durchmachen ...

Ruth: Ja, und ein ganz schrecklicher Gedanke ist: Das wird jetzt jahrelang so bleiben. Jahrelang werde ich jetzt auf so viel verzichten müssen. Ich kann mich noch gut an einen Korsika-Urlaub mit zwei Kindern erinnern, Anna war ein halbes Jahr, Manuel wurde zwei. Ich dachte damals: Wird es jemals wieder Urlaub für uns geben, in dem man sich entspannen kann? Inzwischen ist es so, dass wir nicht mehr dagegen rebellieren – diese Art von Urlaub gehört jetzt einfach zu uns. So wie es jetzt gerade ist, das ist unser Leben. Das zu akzeptieren, hat die Unzufriedenheit vertrieben.

Wie sieht die Aufgabenverteilung bei euch aus? Wer macht was – außer drei Kinder ins Bett bringen?

Dietrich: Ich decke abends schon den Frühstückstisch und bereite morgens alles vor, wenn ich aus dem Haus gehe. Dann können die Kinder anrücken und schon mal frühstücken. Mittags, in meiner Pause, räume ich die Spülmaschine ein. Wenn ich dann von der Arbeit nach Hause komme, hat Ruth die Möglichkeit z. B. einkaufen zu fahren – je nachdem, was gerade anliegt.

Was ist, wenn einer von euch krank wird?

Dietrich: Ja, dann wird's eng. Dann vermissen wir Opa und Oma schon sehr, die in der Nähe wohnen und denen man einige Kinder abgeben könnte, oder die mal eben einspringen würden, damit man Erledigungen machen kann. Aber so ernsthaft krank war Gott sei Dank noch keiner von uns. Wenn Ruth doch einmal für einige Tage im Bett bleiben muss, dann nehme ich frei. Wir kommen dann schon über die Runden, aber es ist immer schwierig, wenn wir eingeschränkt sind, dann ist das System schon ein bisschen wackelig. Es läuft gut, so lange wir fit sind und bei Kräften bleiben …

Wie hält man mit vier Kindern die Partnerbeziehung lebendig?

Man entdeckt keine neuen Kontinente ohne die Bereitschaft, das Ufer für längere Zeit aus den Augen zu verlieren.
André Gide

Dietrich: Wir haben uns vorgenommen, einmal im Monat abends auszugehen und ganz bewusst zu zweit zu sein. Aber dazu kommt es leider seltener, als wir dachten.

Ruth: Wichtig ist uns, mindestens einen Abend in der Woche für uns zu haben. Meistens sind es zwei. Diese Abende gehören uns.

Aber wenn Ihr dann früh ins Bett gehen müsst …

Ruth: ... dann haben wir ja das Bett gemeinsam, Zärtlichkeit und Geborgenheit beieinander, was auch wichtig ist.

Es gibt Eltern, die verbringen die Nächte wechselweise bei den Kindern …

Dietrich: Die Kinder dürfen schon ins Ehebett kommen – aber nicht dauerhaft. Wenn Manuel um zwei Uhr zu uns krabbelt, dann kann er eine Viertelstunde bleiben, aber danach bringen wir ihn wieder zurück, wenn alles so weit in Ordnung ist.

Wie sieht es mit Babysittern aus?

Ruth: Eher schwierig. Einen regelmäßigen Babysitter zu haben, ist schon so ein Traum von uns.

Dietrich: Na ja, wenn eine Geburtstagsfeier bis halb zwölf dauert und man dann drei Mal in der Nacht aufstehen muss, ist man am nächsten Tag ziemlich groggy. Wenn man deswegen die Feier schon um zehn Uhr wieder verlässt, bleibt man besser gleich zu Hause und macht es sich da gemütlich ... Die Alternative zum Weggehen ist natürlich, sich Besuch einzuladen, und das machen wir auch.

Lineamenti di diritto processuale civile